# 21天

## 48个孩子的蜕变故事

张绪军 著

清华大学出版社

北京

**图书在版编目（CIP）数据**

21天：48个孩子的蜕变故事 / 张绪军著. —北京：清华大学出版社，2023.2

ISBN 978-7-302-62266-6

Ⅰ.①2… Ⅱ.①张… Ⅲ.①家庭教育 Ⅳ.①G78

中国版本图书馆CIP数据核字(2022)第234430号

责任编辑：张立红
封面设计：李玉婷
版式设计：方加青
责任校对：赵伟玉 葛珍彤
责任印制：杨 艳

出版发行：清华大学出版社
    网  址：http://www.tup.com.cn，http://www.wqbook.com
    地  址：北京清华大学学研大厦A座   邮  编：100084
    社 总 机：010-83470000      邮  购：010-62786544
    投稿与读者服务：010-62776969，c-service@tup.tsinghua.edu.cn
    质 量 反 馈：010-62772015，zhiliang@tup.tsinghua.edu.cn
印 装 者：三河市东方印刷有限公司
经  销：全国新华书店
开  本：145mm×210mm    印  张：8.625 字  数：183千字
版  次：2023年2月第1版   印  次：2023年2月第1次印刷
定  价：69.00元

产品编号：096009-01

# 自　序

2019 年春节前后，我结识了北京智新超越教育创始人耿军。经与耿总多次微信交流，我得知这是一家做"好家风与好习惯"教育的公司，得到多位清华大学教授和教育名家的支持。耿总曾接受央视《奋斗》栏目采访，公司和他本人都曾获得过许多荣誉。2020 年 5 月，疫情中的北京恢复了正常的工作秩序，我与耿总进行了面对面交流。这次见面拉开了我正式进入家庭教育行业的序幕，彻底改变了我的人生轨迹。

## 从结缘到热爱，越了解越痛心

在创作《21 天——48 个孩子的蜕变故事》的过程中，我查阅了大量的资料，阅读了 300 多本相关书籍，采访了上百名家长和孩子。随着我了解的情况越多，我越感到痛心和忧虑。

据北大医疗脑健康儿童发展中心发布的数据统计，中国每年有 10 万名青少年死于自杀，平均每分钟就有 2 个人自杀死亡，8 个人自杀未遂。另据中国科学院心理研究所的研究报告显示，中学生自杀意念发生率为 17.7%，焦虑症状检出率为 26%~30%，抑郁症状检出率平均为 15.4%。

美国精神病医生马克·郭士顿曾将自杀者的心态概括为"八个无"：无望、无助、无力、无用、无价值、无目标、无意义、无所谓。这"八个无"并不仅限于自杀者，所有有自杀倾向、患有焦虑症和抑郁症的孩子都普遍具有类似特征。我们不妨将这些问题统称为"八无问题"，将这些孩子称为"八无孩子"。

在开始关注青少年问题的动态后，我几乎每天都能看到有关青少年自杀、自残和违法犯罪的报道。这些消息每次都让我触目惊心。同时我还大量阅读青少年题材的小说，看了大量反映青少年问题和家庭教育方面的影视剧和纪录片。这些资料开阔了我的视野，也增加了我的忧虑。

家庭教育类图书很多，教育理论类和实务指导类各占一半。但教育理论类图书中规中矩，缺少活生生的案例，语言多刻板无趣，让人敬而远之；而实务指导类图书的内容则严重趋同，通篇是婆婆妈妈的说教，最大的问题在于写作者眼界与格局受限，研究不深，站位不高，人云亦云。

家庭教育培训市场中的问题更多。有些机构对孩子实行封闭式"军事化管理"，配合家长咨询，这对教育孩子有一些效果，但不能持久。如纪录片《镜子》里的培训公司，选取了3个家庭中的3个孩子，记录了全过程，行为比较简单、粗暴，尤其是开始时以抓捕"犯人"的方式将孩子从家里带到营地的做法饱受诟病。有的机构则采取集中营式的方式管教孩子，即纯粹的"军事化管理"，对不听话的孩子采取打骂、饿饭、羞辱、关禁闭等方式，这些机构已被公安机关取缔。

## 孩子们怎么了？

在我接触到的案例中，最容易出问题的孩子的年龄在 13～18 岁。在产生问题的原因中，学习压力过重占第一位，其次分别为早恋、父母离异、打骂，以及父母长年不在身边。

孩子们的主要任务是学习，其心理问题的产生和恶化大都与学习压力有关。"只要学不死，就往死里学。"为了提高孩子的学习成绩，家长们可谓绞尽了脑汁，除了逼迫和监督孩子在校学习外，还请私教，同时对孩子的时间和活动严加管控。

在家长的威逼利诱下，孩子的成绩可能短期内会有所提高，但长期结果是会与父母关系恶化，产生大量的负面情绪。这一切就如同农民为了粮食丰收而滥用化肥、农药，粮食产量虽然上去了，粮食却不健康，土壤也被毒化了。

有关科研机构的调查结果显示，中国 49% 的学生厌学，但实际比率应该更高。有的孩子的厌学情绪表现为拖拉磨蹭，注意力不集中，边写边玩，沉迷手机游戏等。

父母之间感情不和，热战与冷战交替，最后以离婚收场的情况现在越来越多。大人们有时为情所困，很少能顾及孩子们的想法与感受。

所有的孩子都需要一个和谐安定的家庭环境，这会给他们温暖和安全感。家庭总是硝烟弥漫或者阴云密布，会影响孩子情绪的稳定和健康。很多孩子就是因为父母离婚而出现严重的精神危机。

父母离婚后重组家庭，让很多离婚家庭的孩子的情感无法过渡。有的孩子在心理失衡后性格偏激，对人生和婚姻抱有恐惧和怀疑，从而影响一生；有些孩子甚至成了离婚父母"踢来踢去的皮球"，在肉体和精神上都成为家庭里的"边缘人"。

打孩子历来是中国人崇奉的教子信条，以至形成了许多广为流传的格言警句。这是一种传统，仅"家长"二字本身就透露了这一点。一家之长自然要在家里享有至高无上的权威。很多时候，家长打孩子并不是因为孩子犯了多大的错误，仅仅是因为孩子违逆了家长的意愿，伤害了家长的自尊心，或是做了让家长不快或很丢面子的事情。

被打骂的孩子只能隐忍，心灵上受到的伤害远远大于肉体伤害。有些孩子说："要想体验一把当皇帝的感觉，那就生一个孩子。""父母之所以张嘴就骂，举手就打，唯一的原因就是我们不会反抗。"

父母长年不在孩子身边对孩子造成的伤害一直被大众低估。对孩子来说，每天在家中享受父母给予的各种关爱是成长必需的阳光雨露。父母不在身边的孩子表面上可能并无异常，但内心深处会孤独寂寞，并伴以恐惧绝望。

唯分数论，压制孩子自由发展的潜能与空间，剥夺孩子自我选择的权利，操控孩子的一切，从不表扬孩子，总是拿别人孩子的优势与自己孩子的劣势相比等行为，都会给孩子留下心理阴影，让孩子容易形成人格缺陷。纪录片《镜子》中的一个男孩因不满父母操控而退学，想去做流浪歌手，后来找到一个女朋友并与之同居，换掉家里的门锁，将父母拒之门外。

还有的父母重男轻女，不喜欢女孩，或者在两个孩子中偏爱其中一个孩子，这些行为都会对孩子造成严重的精神伤害。这种伤害时刻都在发生，而父母可能完全没有意识到。

## 从现象到本质

孩子需要关爱，因为不成熟，所以孩子容易犯错；青春需要守护，因为动荡不安，充满凶险。

心理受伤严重的孩子往往有多种表现形式。一些孩子以"坏孩子"自居，同时夸大自己的创伤，脸上流露出不羁的神色，衣着服饰、言谈举止都很张扬；还有一些孩子则正好相反，小心翼翼地观察周边的一切情况，把自己装成无害无辜的模样。

这些孩子往往是左手矛右手盾，随时准备攻击别人和时刻准备保护自己，尖锐倔强与柔顺脆弱并存。他们口中所谓的喜欢孤独、享受放纵都是口号，他们外表强硬冷漠，内心却希望有人疼爱，回归正道，回归家庭。

其实，孩子们出现问题只是短暂的离经叛道，是失衡后的踉跄与摔倒，内心仍然单纯、可爱和真实。

有一类家庭问题比较典型，就是父母文化水平不高，却突然暴富，生活在这种家庭的孩子比较容易出问题。比如有一个富二代，小时候被送到乡下跟爷爷奶奶一起生活，父母发家后将他接到城里，周围环境和生活方式的突然转变让他无所适从。父母满足他的一切物质需求，却很少过问他的精神世界，加之与父母多年不在一起生活留下的隔膜，让这个孩子变成了"恶少"。他整天游手好闲，在学校和社会上拉帮结派，俨然一副"大哥"做派。

还有一类孩子，他们的父母是公务员或在事业单位工作，对孩子的要求和管控都比较严格，导致孩子压力过大，最终走向叛逆。比如，有一个孩子，父亲是公务员，母亲是大学老师，尽管这个孩子都上高中了，但一日三餐吃什么，每天几点回家、几点睡觉，单独出去到哪里，和什么人在一起，都要征得父母同意，并将这些信息写在一个由父母掌管的本子上。这个看上去身强力壮的小男子汉，在公共场合一直都低着头，声若蚊蝇。

在当下中国，越来越多的孩子被过度保护和娇宠，孩子独立生活和抗压的能力差，"玻璃心"一碰就碎。他们只考虑自己的感受，总想让别人关注和关心他，一不高兴就大发脾气，或暗自伤心。他们不懂感恩，不懂得尊重他人，更不懂将心比心和换位思考。还有一些孩子玩世不恭，表面潇洒、内心憋屈，表面服从，暗地里我行我素。

很多处于青春期的孩子往往既温顺又狂野：一半是天使，一半是魔鬼。光鲜明亮的少年心里可能藏着阴郁之气，外表温柔的少女可能有暴力倾向，携带自毁因子。他们敏感而脆弱，在压力和诱惑的作用下，容易被时尚和"偶像"带偏。他们的心灵动荡不安，对很多事物的认知是迷茫和扭曲的。他们的心理容易变形，也容易被打动，成长变化可能就发生在一瞬间。一旦有人给他们关爱和鼓励，他们就会终生不忘。

在很多家庭里，父母与孩子之间隔了一道鸿沟。这道鸿沟最初只是一条缝隙，后来随着孩子长大，缝隙也在不断变大。家长说："这孩子小时候多可爱，长大却越来越烦人了。"孩子说："他们什么都给我了，除了爱和关心。"

其实，很多时候并不是家长不爱孩子，而是不会爱，或是爱过头了。越是爱得深，越是容易产生矛盾和伤害。但是，如果孩子感受不到这种爱，那么父母就不能说他们多么爱孩子。

因为弱小，孩子都非常依恋父母，父母却像"暴君"一样地对待孩子。他们习惯以自己的样子、自己的理念来要求孩子，孩子却不可能完全按照父母的套路出牌。开始时孩子为了讨好父母，可能会尽力满足父母的要求，但最后精疲力竭，开始跟不上父母的步调。要求变成枷锁，父母期待的眼神让孩子感到惶恐，爱走向了反面。

很多父母眼里只有孩子的学习成绩，孩子其他方面再出色都无视。当孩子发现他们不可能取悦家长，无法让父母满意和开心时，便开始自暴自弃，自我否定。这也因此成为孩子心中永远的痛。正如一个12岁自杀的小女孩遗言中所说："我怎么什么都做不好。"

有能力的孩子勉强能够跟上父母的步调，以好成绩换来父母的笑脸，成为一个为了父母而学习的工具人，而没有能力拿到好成绩的孩子，只能走向其他的道路，比如叛逆与放纵，自我封闭与自我压抑。他们不再期待父母的表扬和爱，内心逐渐结冰。

有时我们只是看到我们能看见的一面，而忽视我们看不见的另一面。很多行为在很多大人看来，都是孩子不务正业，是孩子颓废、堕落的前兆。可在孩子们眼里，他们之所以这样，都是大人造成的。

因为孩子们的案例看得多了，所以有些看了开头，我就能猜到结局。不同的孩子需要不同的教育方式。很多父母不懂孩子，不知道如何走进孩子的内心，直到孩子出现问题才真正醒悟。他们认为现在的孩子很幸福，但殊不知很多孩子觉得自己是不幸的，因为父母童年时能自由玩耍，而自己童年时已经背负沉重的负担，经历过很多次的大喜大悲。

所有的孩子都需要爱，也一直期待着爱，不管他们多么目空一切，肆无忌惮，多么拒人于千里之外，别人一声亲切的呼唤，一个真诚的拥抱，一句表扬或鼓励的话语，都有可能温暖他们的内心，改变他们。他们需要一个地方倾诉，需要一次机遇以卸下心理上的重负，看淡过往，重新轻装前进。

## 家长的"罪与罚"

孩子是家长的镜子，一切皆有因果。家长过度关心可能导致孩子反叛，家长过度冷漠可能导致孩子抑郁，家长放任不管可能导致孩子任性自大，家长经常打骂可能导致孩子出现暴力倾向。

父母生下孩子只是为社会提供一个"生物人"，更重要的是养孩子，把孩子培育成一个能适应社会生活的"社会人"。父母不只是给孩子生命，还要对这个生命负责，保障他们生存的权利、受教育的权利、发展的权利，要以生命影响生命，让孩子的生命充满活力，有所作为，这是为人父母的义务和法定责任。

家庭是一个生态系统。一个人生了病，会传染给其他人。家庭解体、名存实亡、不和谐、不幸福也会破坏家庭生态。

教育孩子是一件高难度的、需要慎之又慎的工作，家庭教育是最容易出错的地方。父母不教育孩子，孩子会变坏；用错误的方法教育孩子，孩子则可能变得更坏。父母在家庭教育方面的缺失主要有以下七个方面。

第一，当下的中国，绝大部分父母都没有接受过专业训练。有的父母虽然也在学习，但没有找对路子。很多道理他们似乎明白，但却苦于无法落地。社会普遍关注的焦点是学校教育，父母也大多认为教育是学校的事情，而忽视了自己才是教育的基础，是决定孩子命运的关键。

第二，很多父母的教育理念和方法是完全错误的，但他们不知反省，一直将所有问题都推到孩子身上。他们在人前、人后贬抑自己的孩子，孩子稍有失误就大惊小怪，一旦没有按照他们的要求做，便诉诸棍棒。

第三，一些父母自己不成功，便将这种挫败感转化为对孩子的期望；还有一些父母自认为很成功，便迫切地希望把自己的成功复制、粘贴到孩子身上。孩子很小就被植入了一些强烈的人生信条，比如"决不服输，永争第一""要么优秀，要么完蛋"。结果往往都事与愿违，上演了一幕幕闹剧和悲剧。一位伤痕累累的孩子说："如果有来生，我不要亿万富翁的父母，也不要有成就和地位的父母，我要懂得孩子心理的父母。"

第四，受儒家文化影响，父母的长幼尊卑观念根深蒂固，无形中让孩子对父母敬而远之。中国式的亲情往往带着巨大的疏离感，父母习惯视孩子为物品、附属品、橡皮泥，孩子有心里话，却不愿跟父母说，以至于最亲的人往往是最不了解自己的人。

第五，很多父母不爱学习，不求上进，思想观念和眼界见识都跟不上时代，与孩子的距离更是越拉越大。很多问题在大人们的眼里云淡风轻，对孩子来说却像泰山压顶一般。如果父母不能准确洞察、及时化解，那么孩子们的不良情绪就会像滚雪球一般越滚越大。

第六，父母总是居高临下，却又无法做好表率，长期打骂和压制孩子，孩子的逆反心理会越来越强。家庭功能失调的结果是，父母与孩子间爱恨交织，甚至不共戴天。这种撕裂将双方都推向错乱和痛苦之中，让双方言行充满了非理性。很多孩子表面温顺安静，内心早已千疮百孔。家庭形同监狱，孩子与家长之间的关系变成"犯人"与"狱警"的关系。很多孩子拼命学习，是为了逃离家庭、远离父母，如同《肖申克的救赎》里的主角，其隐忍是为了挖出逃跑通道，最后成功越狱。

第七，父亲角色缺位在中国教育中一直是一个非常普遍和严重的问题。中国家庭常常被形容成"三一家庭"：一个极度焦虑的母亲、一个缺位的父亲和一个叛逆的孩子。在中国，教育子女好像理所当然是母亲的事情，中小学女老师的占比在 80% 以上，幼儿园女老师占比更是高达 98%。女人在家庭里的定位就是"相夫教子"和"主内"。而哈佛大学的一项研究发现，人生下来有两个发展方向：亲密性和独立性。母亲和父亲各有天然优势。父亲的阳刚之气、自强不息、境界格局、气度担当、崇高理想、高尚人格、冷静理性、正直勇敢、严谨作风都是孩子成长过程中必不可少的。有研究显示，父亲教育长期缺位是造成青少年暴力、犯罪等问题的重要因素。

## 只有家长觉醒，孩子才能得救

家庭是社会的细胞。家庭对孩子而言不只是一个住所，更是生存的保障，是成长的摇篮，是心灵的港湾，是连接社会的桥梁，是抵御各种不良影响和伤害的保护伞。人生从家庭出发，经过学校、职场、社会，最后还要回到家庭。家庭承担着孩子教育过程中首要的、特殊的、不可推卸的责任。很多家庭的家风不正，是因为父母没有起到表率作用，将自身的错误思想和坏习惯传给了孩子。

每个孩子都是一颗神奇的种子，长在不同的土地上，可能会开出不同的花。父母应该尊重孩子、理解孩子，帮助孩子发现自己、成就自己，给孩子尽可能多的空间、舞台和机会。这不仅需要爱，还需要责任与担当、远见与智慧、方法与技巧。

青少年是祖国的未来和希望，是民族复兴大业的接班人。培养和教育好下一代人是全社会的责任，不过这首先是父母的责任。孩子从不会说话的时候起，就学会了察言观色。此后一生无论孩子身在何处，都会受到父母的影响。优秀孩子成为优秀人才的背后，总能看到温馨、和谐家庭的影子。一个人如果人格不健全，也可从其家庭中找到问题源头。

在 2015 年春节团拜会上，习近平总书记讲道："家庭是社会的基本细胞，是人生的第一所学校。不论时代发生多大变化，不论生活格局发生多大变化，我们都要重视家庭建设，注重家庭、注重家教、注重家风。"

2021 年 10 月 23 日，中华人民共和国主席习近平签署中华人民共和国主席令第 98 号，公布《中华人民共和国家庭教育促进法》，并宣布自 2022 年 1 月 1 日起施行。这是我国社会发展和教育界中的一个重大事件，是首次以法律的形式，界定了家庭教育的内容，提出了一些可供父母使用的家庭教育的方法，规定了家长的责任与底线。这关系到千家万户的幸福和每个孩子的健康成长。家庭教育不再是某些家长的"小事"或"私事"。

## "育儿教科书"

《21 天——48 个孩子的蜕变故事》以 21 天好习惯播种营

的活动为主线，以多位来自不同家庭背景、存在不同类型问题的孩子为主角，通过"具有示范意义"的营地课程和训练内容，向读者展示孩子们在二十一天里发生的由内到外的明显变化，同时追溯到家庭教育的缺位与失误，突出家风与习惯养成教育的重要性，揭示孩子问题与家庭教育之间的关系。

《21天——48个孩子的蜕变故事》创造了21天好习惯播种营这样一个特定环境。在这样一个特殊环境里，所有的安排都被事先植入了好习惯养成教育的设计。孩子们从进入营地的那一刻起，就在潜移默化地接受熏陶与感染，使问题在不知不觉地得到化解。

在21天好习惯播种营里，通过生活习惯、体能、财商等方面的训练，高效学习力、积极心理学、文化与人格、格局与境界、使命与担当等主题的培训，音乐与诗歌的陶冶，家长们的幕后参与，孩子们身上多年养成的不良习惯被成功矫正了，家长们也对自身问题进行反省。训练营设定的好家风与好习惯培养教育在家庭落地、孩子与家长共同成长的目标初见成效。

这个训练营不同于学校课堂、课外兴趣班，更不同于生活体验式的研学营和观光旅游式的游学营。它是一个集疗养院与补给站于一体的地方。这里的老师和教官都具有非常丰富的经验，能快速、准确地诊断出孩子们身上的问题及问题根源，从而能对症下药、辨证施治。

本书以习惯养成为切入点，充分展示多种正确的教育方法与实施策略，如针对不同孩子、不同问题因材施教、循序渐进、先实后虚，不同阶段与场景采用不同的方法等。

本书最大的亮点在于通过营地训练过程与教育方法的演

示，揭示了中国家长在教育孩子方面普遍存在的问题，以及需要从哪些方面来弥补不足。

《21天——48个孩子的蜕变故事》有很好的故事框架，同时具有平实的纪实风格，力图更贴近现实，更具可操作性，以思想性和教育意义取胜。多位教育界人士和家长在看过《21——48个孩子的蜕变故事天》书稿后不约而同地表示，这是一本"育儿教科书"。

《21天——48个孩子的蜕变故事》是一本关于矫正与治愈、和解与回归的教育类书，最后留下的问题是开放性的，探讨空间是巨大的。无论是孩子的问题，还是家长的问题，都是日积月累形成的，解决起来也需要一个缓慢的过程。

孩子都是敏感而脆弱的。他们容易受伤，也很容易被改变。他们渴望被认同和肯定，希望得到鼓励与指引。一旦得到了关爱与称赞，他们的潜能就有可能迅速被激发，内心瞬间被唤醒。孩子们在短短二十一天里的变化，大大超出了家长们的意料和想象。从教育心理学的角度来看，这一切都是有可能的。

问题在于，我们看到的发生在孩子身上的变化可能是表面的、暂时的，关键在于孩子们走出营地，回归各自家庭的后续发展。如果后续没有家长的改变和配合，在孩子们身上发生的改变会很快被"打回原形"。说到底，家庭才是孩子改变与成长的主阵地，家长的觉醒和跟进更是促进孩子成长的重中之重。

在我创作《21天——48个孩子的蜕变故事》的过程中，北京智新超越教育创始人耿军、《习惯学》创始人周士渊老师、清华大学吴荫芳教授、北京电影学院原党委书记籍之伟教授、国家广电总局中广联合会少儿委邵非副会长、中华女子学院（全国妇联干部培训学院）社会培训部部长张霁、清华大学出版社张立红主任、中国管理科学院基础教育研究所李世杰执行所长，以及山西太原的李福霞老师、山东的蔺保利校长，都以不同方式给予我大力支持。尤其要感谢智新超越的文欢老师、李盼老师、张帅教官和郝亚杰教官，他们为本书提供了大量鲜活的案例和素材。在此，向他们一一致谢。

## 让教育回归本质

德国的著名教育学家斯普朗格曾说过："教育的最终目的不是传授已有的东西，而是要把人的创造力量诱导出来，将生命感、价值感唤醒。"

追根寻源，真正的教育是唤醒灵魂，激发能量与成长动力，养成良好习惯，能让孩子全面发展。作为孩子的第一任老师，也是终身老师的父母，最重要的任务是在孩子成长的关键期，抹去遮盖孩子天赋才华的浮尘，树立阳光心态，完善人格，培养自我超越的意识，在孩子的心里点起一盏驱逐黑暗、照亮前程的明灯。

好家风与好习惯不仅会使孩子们此生受用不尽，而且会继续传给下一代。但愿天下所有父母都能言传身教，从自己做起，从现在做起。如此一来，家族和家庭的命运都会为之改变。

最后，我用《21天——48个孩子的蜕变故事》电影剧本中结束时主讲老师的一段话来结束本文，以此共勉：

"我们是骨肉相连、心意相通的一家人。现在，我们的手握在了一起。透过皮肤和血管，我们的血液和心灵正在建立联结，如同无线电波的发送一样，我们接收到了彼此的信息。这些信息来自我们灵魂的最深处。

"我们曾经亲密无间，共同度过了许多快乐幸福的时光，保留了许多相互关爱的温馨回忆。但是后来，我们之间传递的信号逐渐减弱，信息被阻断、被干扰，误解越来越多。我们开始互相埋怨、争吵、敌对、冷漠，我们因此而变得焦虑、孤独、痛苦、无助。

"家庭是一个完整的生命体，有根须、树干、树枝，要经历完整的生命周期——播种，发芽，生长，开枝，散叶，开花，结果，传承，延续。我们要永远一起，形神合一，共享阳光，共担风雨，共同成长；我们还要永远一起，相互支撑，传递温暖，传递养分。只有这样，生命之树才能常青。

"让我们重新回到彼此的怀抱，重新回到阳光灿烂的日子。让我们重新建立信号连接，发送充满信任、理解、包容的信息，从彼此的信息中汲取能量，感受到关心与爱护。那是我们永不枯竭的动力水源，也是我们一生中最大的财富。让我们各自为彼此加油，重新扬帆起航。这是新的一天，这是新的征程，太阳正从东方升起，阳光已洒满我们前方的海面。"

# 目　录

第二章
承：老师和教官都是"老中医"

# 第三章
## 转：先对症下药，后输送营养

第四章

## 合：回归家庭，点亮心灯

# 引　子

　　10 年前的那个夏天，17 岁的我与其他 47 个孩子一起，在 21 天好习惯播种营完成了人生的一次蜕变。这次蜕变成就了现在的我，也成就了一所学校——觉醒家长学校。

　　与我一起发生蜕变的还有我的父母，他们的蜕变比我的更加深刻。从某种意义上来说，我们的蜕变是同步进行、相互影响和促进的。

　　此时此刻，我爸爸正在乡下的老家养病，妈妈陪在他身边。而我则坐在电脑前，着手撰写这本酝酿已久的教育类图书——《21 天——48 个孩子的蜕变故事》。

　　撰写《21 天——48 个孩子的蜕变故事》对我来说既是一个夙愿、一桩使命，也是我对爸爸的一个交代。由于长期劳累，爸爸不到 60 岁，身体就完全垮了——血压、血脂、血糖都偏高，神经系统功能紊乱，心律不齐，内分泌失调，失眠，健忘，易怒，焦虑不安……最终被查出胃癌。

　　在得知这一消息的当天，爸爸非常平静。他拒绝放疗、化疗，抗拒手术。他决定采取保守疗法，回到乡下老家休养。他对西医一直很怀疑、很排斥，更相信中医，相信自然的力量和身体自我康复的能力。

他的这一决定遭到了妈妈和我的强烈反对，但他一意孤行。这符合他的性格，他也自有他的一番道理。只不过这些道理无非表明他骨子里有着中国农民的朴实与倔强，妥协与变通，吃苦忍让与百折不挠，随遇而安与乐天知命。

他坚定地认为，城市不适合他，是城市害得他得了一身病。他认为还是农村好，农村的景色、空气、饮食都比城里好，只要在农村休养一阵子，配合中药调理，他的病都会好。

愚昧也好，偏见也罢，反正他能自圆其说，谁也说服不了他。

其实，他还有一个想法没有说出来，那就是他想落叶归根，死后安葬在爷爷奶奶旁边。对此，我和妈妈心知肚明，只是没有说破。也许他真的想彻底休息了。他说他干不动了，实在太累了。

30 多年前，在改革开放的大潮中，他从一个偏僻的小山村出发，在城市里拼出了一片天地，成为老家远近闻名的成功人士和传奇人物。拿他自己的话说，他这一辈子够本了。

爸爸小的时候，兄弟姐妹多，他初中没读完就退学了，回生产队挣工分。他经常吃不饱饭，营养不良，身体状况一直不太好，但他有一股不服输的劲头，干什么都想争第一，加上他脑子灵活，改革开放后，他第一个走出农村去打工。他干过各种苦活、累活、脏活，后来做小本生意，从摆地摊开始，到开门店，再到包下一些商铺，将其转租给其他商户，最后在老家做房地产开发。有了起色后，他进入省城，做了两个养老地产项目，并投资了一些金融产品。

妈妈从小和爸爸一起玩到大，后来又跟着爸爸东奔西跑，对爸爸佩服得五体投地。她初中没毕业，虽说一直里里外外地忙活,却不太受爸爸的待见。2人吵吵闹闹几十年,合久必分,分久必合。他俩的吵闹在我17岁参加21天好习惯播种营时达到顶点。

10年前,我们家里整天硝烟弥漫,我与父母成天吵架,彼此充满敌意与冷漠。我与他们势不两立,但凡提起他们,我都是一脸的不屑和痛恨。

我后来才了解到,那时我父母的生意在走下坡路。他们开发的楼盘滞销,金融投资项目遭遇非法集资诈骗、非法吸收公共存款的陷阱,投进去的现金和抵押贷款都打了水漂,一直被银行、信托公司、小额贷款公司和典当行追债,长年在公安局、检察院、法院之间奔波。

这些事情,他们一直没有告诉我,可能是他们觉得跟我说了也没用。

是的,我一直不关心也搞不懂他们生意上的事情。我只是感觉到他们情绪不对,误以为是他们对我不满所致。因为这样想,我便赌气般地发狠,变本加厉地与他们作对。

如果他们当时告诉我真相,也许我会变得懂事,也许我会对他们多一些理解,不至于搞得水火不容,加重他们的痛苦。

这一切都只是假设。大人与孩子之间本来就隔着一条条沟壑。如果亲密无间,沟通顺畅且平等,彼此理解和宽容,就不会有那么多的误解与伤害了。

好在他们在那个一切都糟糕透顶的节点上,把我送进了21天好习惯播种营。我爸妈后来多次说,把我送到那个营地是他们一生中做出的正确选择之一。

这件事对我们家是一个重大转折点。从营地回来之后,我开始发奋学习。我虽然基础很差,但在高考前的一年里,

3

我凭借在营地掌握的学习方法和习惯，拼命追赶成绩好的同学，最后考上了一个不错的二本院校。

根据父母的建议，我选择了教育学专业。毕业后，在父母的支持和指导下，我创办了一家专门面向家长的培训学校，聘请家庭教育领域的名家授课，同时开展一对一咨询指导。

培训学校开张后，我也从来没有停止过学习。除了恶补教育学专业范围内的各个学科知识，还近距离地向各位家庭教育领域的名家学习，广泛搜集、整理家庭教育案例，与家长深入交流，倾听他们的心声，与他们一起探讨和分析教育孩子的得失。

从营地归来后的 10 年里，我一次次地回顾在营地 21 天的时光，无数次与营员们一起回忆起营地生活的片段，与文洁老师、郝帅教官一起分析他们面对我们 48 个孩子身上各种问题时的心理状态与对策，试图从中追寻孩子们共同蜕变的轨迹，并且多次产生过将那段经历完整记录下来的冲动。我几度跃跃欲试，却又不敢轻易动笔。

在经过 10 年的回忆与反刍、沉淀与思考之后，我越来越觉得那 21 天非同寻常，无论是对于"问题孩子"还是"问题家长"，都是可以作为一个具有示范意义的"范本"来研究的，其意义和价值在于可以给家长以引领和启迪。要达到这一目的，就必须在记录那段经历的同时，从高处审视、深度挖掘，全方位、多角度地解析。如果仅凭一己之见和一时之趣，写成一本流水账，那就是暴殄天物了。

在我与家长们的沟通过程中，几乎所有家长都说，他们在遇到问题时没有人指导。他们会购买一些书，但那些书往往令他们感到失望：学院派书令人望而生畏，晦涩艰深，枯燥无趣，里面充斥着冷冰冰的专业术语、理论体系、空洞概念、数据与模型，不接地气。业余写作者人云亦云，唠唠叨叨，甚至令人生厌，一本好书必备的三要素——深入研究、独到见解、优美文笔一个都没有体现。

10 年过去了，我们身上曾经有过的问题，在新生代的孩子们身上一样存在，甚至有过之而无不及。家长们依然是忧心如焚，却又无所适从。

这些现状坚定了我写这本书的信心。我要以营地生活为蓝本，讲述我们亲历的矫正与治愈、冲突与和解、叛逆与回归、沉沦与奋起，传播曾经滋养我们心扉的家国情怀、爱与感恩、生命教育、阳光心态等正能量元素，同时真实再现家长经历的反省与改变。

自从我自己有了孩子之后，这种创作冲动更加强烈。我儿子小根今年刚上一年级，一个生命逐渐展现其惊人的活力与光彩、意志与个性。很多次，我看着儿子熟睡中的小脸，心中升起无限柔情：人生在世，还有什么比引导自己的孩子拥有健康幸福、卓有成就的一生更重要、更有意义的事情呢？

10 天前，我们一家三口回到乡下老家看望父母。爸爸一看见小根就哭了，这还是我第一次看见爸爸流眼泪。他把小根紧紧搂住，吓得小根躲到妈妈身后，不知道爷爷怎么了。

爸爸身体似乎好了一些。为了不拖累我，他已将债务问题彻底解决，进入一种无欲无求、放松从容的状态。他说留下的钱足够他和我妈养老了。

爸爸知道我想写一本关于 21 天好习惯播种营的书，一直鼓励我写，并多次与我探讨其中细节。妈妈有时也会随声附和几句，跟爸爸说话时和颜悦色，跟从前判若两人。

爸爸问了问培训学校的情况，再三叮嘱我一定要做好这件事，先有好家长，后有好孩子，办好培训学校功德无量。若要做好，肯定不容易，需要全身心投入，要有虔诚和敬畏之心，虽不能尽善尽美，总是一条光明大道，远胜于投机钻营与苟且偷生。

爸爸刚看完美国心理学家米哈里·希斯赞特米哈伊的书《创造力：心流与创新心理学》，他虽不能完全看懂，但基本明白书中要旨。他说这本书说的是理想的人生是进入一种状态：无论多苦、多累，人们心里都是快乐的。有些事情一旦投入其中，你是愿意付出一切的。爸爸让我也看看这本书。

我了解这个美国作家，也知道爸爸说的这种状态被米哈里称为"福流"。爸爸会看这样的书让我感到意外，因为他毕竟只有初中文化水平，以前也很少看书。

我答应他，我一定好好看这本书，一定办好觉醒家长学校。爸爸听后非常高兴。

时候到了！我回省城后立马动笔。我深知个人能力有限，家长学校开办以来，走进学校的家长加起来还不到一万人。一本好书应该影响面更大，也更久远。

"时候到了，
我要完成未了的心愿。
我要留下一些文字，
填补一个巨大的空白和遗憾。
它们早就在我的胸中不安分地涌动，
争先恐后地寻找出路。
我一直珍爱它们，检阅它们，

同时鼓励、安抚和梳理它们。

我知道这些文字也深藏在你们心底，

浸透了你们的痛苦与渴望。"

　　此时想到上面这几句话，是因为我有故事要讲，有话要说。对已经进入写作状态的我来说，悠悠万事，唯此为大。

　　文字是光，灵感是内心深处的种子。在文字之光的照耀下，灵感悄悄地萌动，满怀喜悦地发芽，奋力向上生长。每写出一句话，都是一次突破、一次升华。

　　但愿我的文字能够茁壮成长，开花结果。

引子

# 第一章

## 起：『熊孩子』扎堆训练营

## ❂　我爸妈对我绝望

10年前的那年夏天，当我阴差阳错地走进21天好习惯播种营时，我对这个夏令营一无所知。

我妈是从她一个闺密那里听说这个训练营的。有一天，她故作神秘地跟我和我爸说，这个夏令营挺神奇的，能让一个"坏孩子"变成好孩子。她闺密的孩子去年从营地回来，就像变了一个人似的，学习成绩从班级倒数到排名靠前，也比以前懂事多了。

对我妈的这番话，我爸不置可否。这是我爸对我妈一贯的态度——居高临下、目中无人，我妈说话、做事也的确越来越不靠谱；深层次的原因应该是我爸对我已经不抱什么希望，所以我妈说的那些话他是不会当真的。

我虽然表面上没有反驳，但心底很烦。什么叫让一个"坏孩子"变成好孩子？我有那么坏吗？那是个什么地方？少管所？

不过，我也没有表示反对。其实，我早就不想上学了。在学校，我就如同一头困兽，听课如同受刑，我不是睡觉，就是捣乱，学习成绩一直是倒数第一。如果不惹是生非，我可能早疯掉了。

对于我不求上进、不好好学习这件事，我爸妈永远也想不通。他们俩早年辍学是因为家里穷，但是我现在的条件那么好，怎么就不愿意学习呢？

## ❂　雷霆这个名字没有取错

我叫雷霆，这个名字是我爷爷取的。我妈生我的时候电

10

闪雷鸣。爷爷得知我妈生了个男孩，兴奋不已，称我将来必成大器、声名远扬，于是取名为雷霆。

在我小的时候，父母在城里打拼顾不上我，把我放在乡下的爷爷奶奶家，他们在城里有所发展之后才把我接到城里。

我老家在大别山区的一个偏僻小山村里。爷爷奶奶对我放任自流，我养成了无拘无束、任意妄为的习性。

早年间，我爸妈一年回乡下两三次，每次都是来去匆匆，留下一些钱和物品，说完几句话就走。每次说的话都一样："你要好好学习，听爷爷奶奶的话。等我们在城里安顿好，就回来接你。"

这些话我都听腻了，但每次我都点头。我知道他们忙，我只希望他们早日接我进城。

在此之前，我用疯玩排遣寂寞，打发时光。我在田间地头打滚，上树掏鸟蛋，下河摸鱼虾。爷爷和奶奶从不管我，只要我冻不着、饿不着就行。

我是 13 岁那年进城的。我爸妈在省城郑州市中心买了房子，把我送到一个挺不错的中学。入学后不久，我的兴奋劲儿很快消失了，随之而来的是沮丧。我不合群，在见多识广、文明有礼的同学面前，我就是一个土包子。我学习跟不上进度，原来在乡下学校都垫底，到了省城可想而知。此外，我爸妈还经常吵架，搞得我心情很糟糕。

刚进城那阵子，我爸妈对我还抱有较高的期望。他们知道我学习不好，给我报了好几个补习班。爸妈在物质上都满足我。

刚开始上补习班时，我还是挺用心的。换了个新环境，我也想改变一下我自己。无奈我基础太差，听课太费劲，上了两个月课，我就放弃了，不去了。之后，有一段时间，我吃喝玩乐混日子，学习一塌糊涂。

爸妈言语相劝，我油盐不进。于是妈妈提出把我送进 21 天好习惯播种营。

## ❀ 我和爸妈都想暂时解脱一下

我同意参加 21 天好习惯播种营，或许这对我和我爸妈都是一种暂时的解脱。

出发前两天，我买了一大堆零食，收拾好我喜欢穿的衣服和鞋子，装上电脑、一张银行卡，完全是一副旅游度假的架势。出发的那天，我又拎上我养的几只宠物——金钱龟。

我妈说他们没时间送我，让我自己坐火车去营地，又一脸疲惫地叮嘱我："你去那里后要老老实实的，别再惹事。"她翻了翻我的行李箱，又看了看我的宠物龟。我以为她又会朝我发脾气，至少也要唠叨几句，可是这次她什么都没有说。

直到我来到营地的报到处，我才知道这个 21 天好习惯播种营的主办方的名字。我到得比较早，登记填表后在报到处转悠。我问工作人员："不是习惯吗？您登记的时候怎么把习惯的'惯'写成了冠军的'冠'？"

工作人员笑道："没错，就是冠军的'冠'。因习惯好而夺冠，习而成冠，好习惯决定好命运的意思。"

呵呵，习而成冠！

转了一会儿后，我感觉有点无聊，于是掏出手机，坐下来玩游戏。其他孩子和家长也陆续来到，我在玩手机的间隙，偶尔抬起头打量一下他们。

两个男孩子可能是一起来的，因为他们看上去彼此很熟悉。他们追闹一会儿，开始比试着跳起来够天花板和灯泡，两人都摸不到，于是就一次次地、不停地跳。工作人员几次相劝也不管用。

一个女孩子填表填了一半就跑出去上厕所，半天不见回来，她妈妈去找，发现女孩子正对着镜子梳妆打扮，气得她妈妈从厕所骂到报到处。另一个女孩子倒在妈妈怀里一直哭，她妈妈耐心地帮她擦拭眼泪，低声细气地叮咛着。还有一个女孩在与父母聊天时不停地傻笑，引得旁边几个男生侧目而视。

真搞不懂这些女孩子！要么哭哭啼啼，要么傻笑。

一个男孩子填表时歪着脑袋，还不停地抖腿，他爸爸使劲拧他耳朵，拧得男孩子吱哇乱叫。一个男孩嘴里含根棒棒糖，一个人独自玩着扑克牌。另有几个孩子拿着手机到处拍，拍完墙上的标语、牌匾、营地照片，又摆出各种姿势自拍，一副没见过世面的样子。

午餐是盒饭。饭菜质量不错，有牛肉和鸡腿，另有菜花和切成片的水果，主食是米饭，挺合我的胃口，我将盒饭一扫而光。

好不容易熬到下午 3 点左右，营员才全部到齐。家长与孩子们告别后，我们一行 48 个孩子坐上了开往营地的大巴。

## ⚘ 我们不是大人们心目中的"好孩子"

一路上，带队老师让大家在大巴上做自我介绍，每人三言两语，说了自己叫什么，从哪里来，上几年级，顶多加个业余爱好，千篇一律、平淡无奇。

老师又组织大家说："21 天好习惯播种营，我来了！"然后再说个"耶"，配上"V"字手形。老师用手机一阵猛拍，然后把照片发到了家长群里。

那年北京天气很热，我们坐在有空调的大巴上向外张望，一个小时后，两边楼房越来越少，风景越来越美，隔着窗子都能感觉到外面炽热的空气。

48 个青春期的孩子聚集到一个远离父母的陌生之地，要在一起朝夕相处 21 天，总是会发生一些故事的。先不说教育他们、改变他们，能顺顺当当完成行程，不出意外，都是一件不容易的事情。更何况那一期孩子们身上的问题比较多。只是当时大家都懵懵懂懂，并不知道接下来会发生什么。

孩子们看上去似乎一切正常，但是表象与真相有时相差很远。能看到的问题都算不上大问题，只是问题的端倪。问题的暴露需要特定的时间、环境和条件。

大约一周之后，我才从不同的渠道了解到孩子们的情况。当时，包括我在内的 48 个孩子都来自城市，身上带着城市孩子的共性特征。有些孩子或轻或重地存在抑郁症、厌学症、"公主病"的症状，几乎所有孩子身上都存在一些不良的习惯。

一句话，除了三五个孩子外，我们都算不上大人们心目中的"好孩子"，离德、智、体、美、劳全面发展的教育目标相差得很远。我们的烦恼多，问题多，自我管理能力差。

然而，营地里的老师和教官发现，所谓的"坏孩子"并没有像家长描述得那么坏，多半是"莫须有"的。家长火急火燎地给孩子报名，请求老师和教官救救他们的孩子，结果往往问题并不是出在孩子身上，而是出在家长身上。当然，这是后话，先按下不表。

如果单看表面现象，孩子们身上表现出来的问题确实不少，包括我在内。这些问题在我们到营地后集中爆发。

## ⊛ 收缴"违规物品"感觉像个阴谋

问题集中爆发的导火索是营地工作人员收缴我们的"违规物品"，包括电脑、手机、零食、化妆品等。事情就发生在大巴抵达营地之时。工作人员让我们排好队，说要检查一下我们的行李。有些东西，他们要帮我们暂时保管，结营后再还给我们。

开什么玩笑？我来营地之前从来没有人跟我说过这一条。没有这些东西，我的日子还能过吗？别说 21 天，一天也不行啊。我们纷纷抗议，拒不交出这些东西。工作人员说，他们早已经对我们父母讲过了。

原来如此！怪不得我临走前我妈翻看我的行李时什么也没说，原来是怕打草惊蛇啊！有几个孩子当场用助教的手机给父母拨通电话，大声质问这是怎么回事。有几个孩子说他们爸妈说过不让吃零食，但没说不能用手机和电脑。

这显然是一场阴谋！要么是家长与老师们之间合计好的，要么是家长们单方面自作主张、隐瞒实情。

可是这样很好玩吗？他们想没想过：当头一盆冷水泼下来的时候，我们会是什么反应？零食、化妆品收也就收了，电脑和手机怎么能收走呢？

　　工作人员解释，手机不是完全不能用，头3天可以用助教的手机与父母视频，后面会渐渐拉开时间间隔。但这管什么用？手机是我们日常生活须臾不能离开的东西，是我们生命的一部分，拿走手机就等于要我们的命！

　　营地老师分头动员大家，耐心劝导，同时发出指令。一些孩子犹犹豫豫地交出这些物品，满脸都是极不情愿的、依依不舍的表情。我看见几个排在后面的女孩子背过身抓紧偷吃零食。

　　工作人员将我们上交的东西封闭在塑料袋里，贴上写着名字的标签，然后放进旁边的一个大筐里。

　　一个瘦小的女孩拒不交手机，向工作人员苦苦哀求。她被拒绝后，蹲在地上哭了起来。轮到我时，我拿着手机不撒手，并推了一把工作人员。工作人员坚持索要，我将手机怒摔在他身上。

　　工作人员又要收走那个装有几只乌龟的竹篮子，我彻底怒了，质问他："你知道这乌龟多少钱一只吗？收走了，你会养吗？养死了，你负责吗？"

　　工作人员被震住了，只好放手。见我与工作人员发生冲突，一个女孩从后面跑过来，正准备协调，突然看见乌龟，便大惊小怪地要抢过去看一下，搞得我不胜其烦。

　　我将嘴里正在嚼着的口香糖拿出来，偷偷粘在她脑袋后面的头发上。后来我才知道这个女孩叫顾小丽。

## ❀ 我们见到了文洁老师

　　收缴"违规物品"给我们来了个"下马威"，同时也在我们心里埋下了反叛的种子。大家情绪低落，一肚子怨气地领取房卡，回到各自房间。晚饭时气氛沉闷，大家都没有心思吃饭。

晚餐自助，荤素搭配，五菜两汤，还有水果和酸奶。一些孩子进了餐厅，打完饭菜后，坐下就自顾自地开吃，不等其他孩子，也毫不顾及吃相，狼吞虎咽，但很快被郝教官制止。郝教官说："等等其他人，人都到齐了，才能开饭。用餐前，由助教老师领着大家朗诵一遍《餐前感恩词》。"几个没有规矩的孩子只好站了起来，跟着老师一起朗诵："一粥一饭，当思来之不易；半丝半缕，恒念物力维艰。对饮食，勿拣择，食适可，勿过则。感恩天地滋养万物，感恩国家培养护佑，感恩父母养育之恩，感恩老师辛勤教导，感恩同学关心帮助，感恩农民辛勤劳作，感恩大众信任支持，感恩大地给我食物，感恩一切。祝老师和同学们用餐愉快。"

晚饭过后，我们来到大教室，只见一位女老师走上讲台。这就是我们的主讲老师——文洁老师。郝帅教官、班主任徐芳芳及六位助教老师也都在场。

文洁老师个子不高，白白净净，40岁左右，戴着金丝边眼镜，说话干脆利落，用词简练准确，看上去慈祥温和，不急不躁。郝帅教官身姿挺拔，英武帅气。班主任徐芳芳长得很漂亮。6位助教，4女2男，看上去都是大学生的模样。

文洁老师走上讲台，扫视一下课堂，然后一脸笑意地对我们说："同学们好！欢迎你们来到营地。我是训练营的主讲老师文洁，你们可以叫我小文老师，或者小文姐姐。"

说真心话，我对文洁老师的第一印象不错，但这并不能改变什么。从我的手机、零食被他们收走的那一刻起，我就决定退营，一天也不想在这里待。所以，文洁老师接下来说的话，我一句也没听进去。

文洁老师继续和颜悦色地说："我们的训练营不同于学校课堂、课外辅导班与兴趣班，更不同于生活体验式的研学营和观光旅游式的游学营。我们主要是为了培养好习惯，包括生活、学习、行为、道德、思维等方面的习惯。"

我扫了一眼教室，没有掌声，甚至没有任何反应。

接下来是分组。老师让大家根据在大巴上听到的自我介绍，以投票的方式选出组长。随后分出 6 个组，每组 8 个人，一起拟定队名和口号。

我们轮流高高举起写有队名、队徽、口号和自己签名的 A4 纸，走到台前，喊出队名和口号：

"我们的队名是'栋梁队'，我们的口号是'民族精英，国家栋梁'！耶！"

"我们的队名是'思齐队'，我们的口号是'见贤思齐，知行合一'！耶！"

"我们的队名是'太阳队'，我们的口号是'心向太阳，永远阳光'！耶！"

............

虽然队名和口号充满了正能量，可我们的声音有气无力。然后我们又按照文洁老师的要求，将这些内容制作成画报，贴在教室后面的墙上。

接下来，郝帅教官讲解了内务管理规定。讲解前他说了几句开场白："同学们好！你们刚到营地，可能还不太适应。不过，既然来了，从现在起就要做好迎接挑战和改变思想的准备。大家可能对收缴违规物品有想法，可这是纪律！你们慢慢会明白为什么要这样做。"

看得出来，郝教官比较严厉，也很有经验，是个狠人。郝教官停顿了一下，孩子们面面相觑，似乎听不懂他在说什么。

他继续说："日程表已发给大家了，一切行动都要严格按照时间进行。任何人都不能拖后腿！现在我讲一下内务管理规定。被子统一放在靠阳台方向的床头中间，枕头置于被子对面床头中间，床上不能放其余物品；鞋子一律放于鞋柜中，洗漱用具统一放在洗漱台上。每个寝室长安排好值日表，实行轮值制度，责任到人。每天早、中、晚扫地、拖地……"

## ❀ 所有消费都用积分兑换的"习惯货币"支付

在训练营，有一个奇葩的做法，那就是所有日常活动都用积分来考核，大家用积分兑换营地专用币——"习惯货币"。在训练营里的所有消费，包括一日三餐、购物、看电影等，都需要用积分从"习惯银行"换取"习惯货币"来支付。

他们无非是想用这种办法来拴住我们，限制我们的自由。

文洁老师简单说明了一下后，班主任徐芳芳老师给大家具体讲解。我们东张西望，直到徐老师从后排座位上站起来。

徐老师是研二在读的学生，一米六五，身材苗条，瓜子脸，睫毛长，眼睛大，皮肤白皙，容貌甚是秀丽。只见她快步走上前台，一板一眼地解说起来："大家在训练营里的一日三餐大概需要消费六十分。只要大家正常参加各项活动，一天就可以获得80分。参与管理、积极发言、热心公益、乐于助人、遵守纪律，每一项做得好，都会加分。各组的助教负责积分登记和'习惯货币'发放。"

"营地里设有银行，可以存款、取款和贷款，存款和贷款与外面的银行一样都是有利息的。积分不够支付日常开支的，可以从银行贷款，也可以找别人借。营地里设有电影院、商店和书店，富余积分可以在这些地方消费。"

"旷课，迟到或早退，不参加训练活动，打架斗殴，恶语伤人，都会扣分。根据积分排名，大家轮流担任银行行长、商店店长、电影院院长、书店店长，上任后可自己制作宣传海报，营业额的 20% 归个人。"

"除了个人积分，还有团队积分，到时根据积分'龙虎榜'的名次，发放奖杯和奖品。账上'存款'可以投资到银行或商店，投资回报为利润的 5%。大概就这些。大家都听明白了吗？"

徐老师讲到这里，望着小文老师："小文姐，就这些。我说完了。"

她说完就低着头匆匆回到后排座位，几位男生的目光一直尾随其后。

但是没有掌声，一片沉默。所有孩子一直保持着原有的冷漠。

## ❀ 我当即决定尽快离开这里

对我来说，来营地当天发生的一切都是我始料未及的。我原打算来这里避难，先清静 21 天再说，谁知到了之后才发现，这里根本没法待下去。我当即决定尽快离开这里，不管以什么方式。

营地宿舍是 4 个人一间，跟我住一起的有段云龙、贾小虎和高畅。从教室回到宿舍，大家都很沮丧。

我们 4 个属于难兄难弟，各有各的不幸。

段云龙一回到宿舍就扑通一声躺在床上，唉声叹气地说：“刚出狼窝，又入虎穴。”

高畅的情绪似乎还算稳定，应了一句：“咋了？”

贾小虎没好气地讥讽道：“你们家是‘五好家庭’，父母是‘模范家长’吧？”

高畅傻傻地问道：“啥意思？”

我本来已经在床上躺下，此时猛地站起身，疯狂地用脚踹床。

看我踹床，他们 3 个没有一个人阻拦，也许是不敢，也许是表示理解。

段云龙不冷不热地问了一句：“咋着啊，哥儿们，不过了？”

我头也不回地接着踹，随口说道：“这里没法待！”

我身高一米八五，体重 90 公斤，一个木板床肯定经不起我踹，床板很快开始塌陷。

贾小虎凑过来看热闹：“差不多得了，若踹坏了床，你睡地上啊？再说，跟床发狠也没用啊。”

听他一说，我火冒三丈：“不让用手机，不让吃零食，还这规定那规定的，当我们是和尚啊？！”

段云龙很配合：“是哈！”

## “骗子！都是骗子！”

就在我踹床的时候，顾小丽正在宿舍里生我的气。

当时顾小丽、艾弥儿、韩梦娜在整理床铺和桌面，戴昕趴在床上，头埋在被子里，肩膀开始抽动，随即传出被压抑的、细细的哭声。

来自上海的戴昕从小到大都没离开过父母，没出过远门。她是爷爷奶奶、姥爷姥姥、父母的掌上明珠。她什么家务都不做，除了学习，别的什么都不会，都上高二了，生活仍不能自理。她生性娇惯，又爱出风头，喜欢被表扬和关注。这次她爸妈特地把她送到营地，让她锻炼锻炼。不过事先没跟她说清楚，只是说带她出来旅游。

顾小丽、艾弥儿、韩梦娜不约而同地望着戴昕。韩梦娜走过去拍拍戴昕的后背："咋了？不舒服了？"

戴昕哭得更大声了，同时用拳头捶着被子，发泄道："骗子！都是骗子！"

韩梦娜问："谁骗你了？"

戴昕抬起脸，一脸泪水地说："我爸我妈，他们说带我出来旅游，结果把我扔下就跑了。"

顾小丽听着戴昕的哭诉，禁不住乐了。她用手拢了拢头发，摸到了脑袋后面的口香糖："艾弥儿，帮我看看我头发怎么了？"

艾弥儿看了一眼，冷冷地说了句："口香糖。"

顾小丽咬牙切齿地说："肯定是雷霆干的！"

## ❀ 为了退营我故意把床踹坏

来营地的第一个晚上，床被我踹歪了，睡觉不舒服，我彻夜未眠，一直在想招儿逃离营地。

刺耳的起床哨声响起，大家慌乱起床，上厕所、洗漱、叠被子，然后到营地中间的操场集合，开始晨练。

在绕着操场跑步的过程中，我才发现营地景色很美，周围群山环抱，近处树木葱茏，不远处还有一个水库，可谓世外桃源。

郝帅教官领着我们跑步，他在一旁喊口令："一二一！一二一！一！二！三！四！一二三四！"跑了两圈后，我们累得气喘吁吁。郝帅教官继续发口令："保持队形！步子不要乱！"

我们刚跑两圈，队形就乱了，间距越来越大，一些先跑到终点的孩子累得瘫倒在地。落在最后的几个孩子也坐到地上不起来。郝帅教官跑过去，吹起哨子，督促他们站起来继续。最后，所有孩子都跑完了 6 圈。

郝帅教官："今天大家表现得非常好！现在大家放松一下，做个游戏。"

郝帅教官拿起一个彩色大圆圈，对我们讲解游戏规则："大家先手拉手站成一个圆。我这里有一个圆圈，从一个同学的右臂套入，这个同学的头从圆圈里钻进去，往下经过身体和双腿，从左手传递给左边同学的右臂上。明白了吗？"

他边解说边拿着圆圈示范。我们马上领会了，开始做起游戏。做完一圈后，我们的动作越来越熟练，传递速度越来越快。

做完游戏后，郝帅教官领着大家宣读《自我激励导语》：

"我是一颗独一无二的种子，

肩上承担着神圣的使命！

我是宇宙间最伟大的奇迹，

身上隐藏着精密的程序与成长计划！

我拥有巨大的潜能和成就未来的天赋！

拥有影响世界的能力！

我每天都在汲取养分，

每天都在成长，强大！

我深深地相信我自己！

我愿意接受任何挑战！

我将成为最好的自己！

从今天起，

我要学会感恩天地，感恩父母，

感恩社会，感恩他人。

我将更加热爱生命，热爱生活，

加倍珍惜世上一切美好的东西。

追求美德，追求身心健康，

追求卓越，追求辉煌！"

## ❀ 开营仪式上孩子们满脸冷漠、厌倦与轻蔑

早饭过后是开营仪式。偌大的运动场，台下一共才48个孩子，显得空荡荡的，而台上嘉宾就有10来个。我再四处一打量，满目都是条幅，上面写着"因灵而智，因习而冠""家风造就人生，习惯决定命运""养成良好习惯，发现更好的自己"等。

接下来的流程庄严而隆重，至少从表面上来看，仪式感还是很强的。流程包括升国旗、唱国歌、介绍嘉宾，然后是嘉宾、专家和学员代表发言，领导授旗，之后由教官带领营员们宣誓。

丁行健董事长的致辞如同他的相貌一样精气神十足："感谢家长和孩子们选择了我们。我们的营地是一个点燃激情、激发潜力的能量场，是一个养成良好习惯的训练场，是一个重塑人格的熔炉……希望同学们能够在这里遇见更好的自己和更美好的未来！"

周士渊老师的致辞则温文尔雅，书卷气十足："好习惯是人生的一盏神灯。好品德、好成绩、好身体、好人生都来自好习惯。好习惯养成越早越牢固。科学研究表明，一个习惯初步养成需要21天……"

李世杰老师的致辞底蕴深厚："对一个人一生发展起决定作用的，往往不是学历，更不是书本上的知识，而是一个人的目标、方法、习惯、责任、使命、担当、品位、格局、境界……"

高畅作为学员代表发言。之所以让他作为代表，是因为他的作文写得好，学习成绩也好，在班上一直排前三名。他是训练营里一个难得的"好孩子"。他在发言中先是感谢了一群人，接着他提到21天好习惯播种营的宗旨，又结合青少年成长的目标，表明我们来营地应有的姿态。

显然，高畅为了写好这篇发言稿下了不少功夫。但在我看来，他的发言有些煽情，只能代表他自己，不能代表其他人。

接下来由丁行健董事长给郝帅教官授旗。郝教官接过营旗后，来回挥舞几次，然后带领营员们宣誓："我渴望成长，让生命更加闪亮，让人生更有价值，用一段经历换取一次突破，用青春的汗水洗去稚嫩的浮华；我渴望进步，让追求更加卓越，让自我更加完美，21天好习惯播种营只是一次起航，广阔的世界、纷繁的社会才是我的战场，我愿磨砺自己，超越自己，成就自己，实现自己，为国为民，贡献一生。"

但是，我从其他孩子们身上看到的不是朝气蓬勃、阳光自信，而是懒散、漫不经心、冷漠、厌倦与轻蔑。

## ❀ "你们侵犯人权！"

当身形瘦小但精气神十足的文洁老师走进教室的时候，孩子们依旧是坐姿懒散，东倒西歪，交头接耳。有的把腿翘到桌子上，有的玩铅笔和橡皮。

这是训练营第一次正式开课。文洁老师走上讲台，定了定神，温和而沉着。她跟我们打了个招呼后直接开讲："同学们好。磨刀不误砍柴工，我们的成长也一样，需要磨砺，也需要营养。我们这里的训练不同于学校的学习，也不同于校外辅导班和研学营。接下来的 21 天，希望大家配合，全身心地投入。"

文洁老师说到这里，扫视了一下课堂，笑了笑："我们从坐姿开始吧。我发现很多人坐姿不对。坐姿对健康和学习成绩的影响都很大。正确的坐姿应该是什么样的呢？大家听我说，然后按我说的做。头部端正，坐稳身子，双肩放平，双臂自然下垂，左右撑开，上身保持正直，略微向前倾，胸离桌子一拳头，全身要放松、自然。两脚放平，左右分开，自然踏稳。"文洁老师边说边示意大家配合，其他人都调整好了坐姿。

我已经受够了！一刻也不能再忍！我慢悠悠地站了起来，一字一字地说："老师，我要退营！"

文洁老师显然没有料到我会在此时以这种方式搅局，惊讶地问："为什么？"

我怒不可遏地说："你们侵犯人权！"

我环视了一下其他同学，寻求支持和认同："你们这里是学校吗？不是吧。有什么权力没收零食、收走手机？"

此言一出，掌声一片。顾小丽、段云龙、贾小虎、韩梦娜、戴昕等孩子一反刚才的冷漠与沉闷的状态，都开始活跃起来，纷纷附和。

文洁老师有些无可奈何，说："这些都说过了啊，你们的爸爸妈妈都是同意了的。"

孩子们吵嚷起来。

"没有啊。"

"要是说了，我才不会来呢？"

"你们串通好了，一起把我们诓过来。"

我继续挑衅："怎么样？不是我一个人挑毛病吧？我出来就是玩儿的，这不让那不让的，这日子怎么过？"

段云龙："就是！我妈说这个营这好那好的，也不知道她听谁说的，连哄带骗地让我来。"

文洁老师安抚道："大家安静一下，先听我说好吗？"

我们根本不听她说，大声喧哗，抗议。

文洁老师继续心平气和地说："你们的爸爸妈妈在把你们送到这里来之前，都是经过调研和考察的，跟我们也经过反复地沟通。大家少安毋躁，不要觉得受到点约束就是苦，也不要觉得怎么痛快怎么来就是快乐。"

看到我们稍稍平静了些，文洁老师又补充说："我知道同学们学习压力很大，假期想放松放松。刚才我已经说了，我们这里不是补习班，我们不讲一道题，不布置任何作业，

27

玩中学，学中玩。"

一些孩子不再吭声，低头沉默，更多的孩子一脸麻木。

## ✿ 想退营，得想辙

我知道想退营没那么容易。先不说老师和教官能不能放我一马，我爸妈那一关肯定也不好过。上午只是一次尝试，还得继续努力。另外，光靠我一个人还不行，我还得争取其他孩子的支持。我觉得段云龙和贾小虎有可能被我说动，一起行动，才有力度。

午餐时，孩子们拿着盘子在餐厅排队打饭。段云龙、贾小虎站一起，他们排得比较靠前，我排得靠后，我便跑到他们前面去插队，扭脸对段云龙、贾小虎小声嘀咕道："兄弟，借光了。我看了，这里的菜没什么肉，主打素菜。我得往前排，排后面更吃不上肉了。"

段云龙哈哈一乐，大度地让开一条缝，伸手请我加入："兄弟，刚才我俩还说呢，你今天上午够爷们儿！"

贾小虎连忙附和："说到我们心坎儿上了。"

我立马表现出一副推心置腹的样子："真难熬啊，21天呢。"

段云龙说："得想想辙，退营！"

贾小虎有些疑虑，问："没那么容易吧？"

我感觉有门儿，乘机煽风点火："得整点事儿。这样吧，别在这里吃了，出去吃，我请客，一块儿合计合计。"

话还没说完，只听顾小丽在后面喊道："前面的高个儿同学，别插队！"

其他几位同学附和道："是啊，到后面排队啊。那么大人了，插队不嫌丢人呀！"

这个顾小丽！我不就是昨天往她头发上粘了口香糖了吗？还记仇了？谁让她多事的！

我向段云龙和贾小虎招了招手："走，出去吃！"

他们俩随即跟着我离开队伍。

我边走边朝顾小丽说："你管得着吗？"

顾小丽抬腿要踢我，我灵活地闪开，说："我不和你计较！"

我快速离开，与段云龙和贾小虎一起将盘子放回去。其他孩子们疑惑地看着我们离开。我们走到营地外面，转悠了一会儿，找到一个小饭馆。

## ⊛　课堂捣乱被"镇压"

下午，上课时间到了。营地教室里，孩子们追逐打闹，一片喧哗。

文洁老师走上讲台，孩子们回到自己的座位上。她环视了一下教室，发现十几个座位空着，问道："怎么那么多人没来上课？"

孩子们面面相觑，没人回答。

她连忙掏出手机，拨通电话："郝教官，10几位同学没来上课啊，麻烦您看看他们是不是都在宿舍待着呢，赶紧让他们来上课吧！"

当郝帅教官带着班主任徐芳芳和几位助教来宿舍查看时，10几个孩子都在宿舍里睡觉。郝教官与助教一个宿舍挨一个宿舍地排查，一个孩子挨一个孩子地催促"快起来，上课去！"

被催促的孩子各有各的理由。

"我头晕，走不了路。"

"我肚子痛，昨天晚上喝凉水喝多了。"

"我没说不去，早晨跑步太累了，歇会儿就去。"

"有人打呼噜，吵得我一晚上没睡着。我眼睛都睁不开。"

"我不想上课，没劲。"

郝教官和助教们动之以情，晓之以理，软硬兼施，孩子们这才磨磨蹭蹭地穿衣服或穿鞋，揉着眼睛，拖拖拉拉地向教室走去。

下午的课是积极心理学。由于有10几个孩子还没来，文洁老师为了等迟到的孩子，在课程正式开讲前，抽空给孩子们讲了讲饮食习惯，主要是讲合理膳食的重要性，包括不同食物的营养成分。她讲到午餐时好多同学主食吃得多，菜吃得少，这不太好，要少吃零食，尤其是不要喝碳酸饮料等。等迟到的孩子们进教室后，这些内容刚好讲完。

迟到的孩子们不仅受到了批评，每人还被扣了20分。

文洁老师转身在黑板上写了以下几行字：

积极心理学：

我们为什么不快乐？怎样保持生命的最佳状态？

屏蔽狭隘、愤怒、嫉妒、恐惧、焦虑等负面情绪，

让内心充满仁爱、宽恕、感激、智慧、乐观、活力。

她在写板书的过程中转过头对迟到的孩子们说："今天迟到的都得扣分，因为影响了其他孩子和正常的课程进度。你们进教室之前，我讲了非常重要的内容。现在你们可以请

没有迟到的同学讲给你们听，补补课。"

文洁老师继续写板书，按时上课的孩子给迟到的孩子当起了老师，转述文洁老师刚才讲的关于饮食习惯的主要内容。文洁老师写完板书后，孩子们仍在交流。她再次打量教室，发现仍有 3 个座位空着。

班主任徐芳芳脱口而出："还差雷霆、段云龙、贾小虎 3 个人。他们几个哪去了？"

话音未落，我一把推开教室门，段云龙和贾小虎跟随我走进来，朝着各自的座位走去。

所有人都向我们投来惊异的目光。

我们 3 人坐下后，我淡定地对文洁老师说："小文老师，您继续。"

班主任走到我跟前说："你们是不是太不尊重老师和其他同学了？今天的课你们就别上了，回宿舍吧。"

我生气了，说："凭什么？我们交钱了，你怎么能不让我们听课？"

我将班主任推倒在地。

顾小丽噌的一下站起来，走到我跟前，吼道："想退营，趁早走！"

又是她！我挽起袖子，双手叉腰，直逼顾小丽："你离我远点！"

顾小丽挺胸抬头，豪气冲天地说："这么对待女人你算个男人吗？"

这句话有质量，也有分量。一时间，我有些无地自容。

见我理屈词穷，江晓婷、韩梦娜、戴昕、高畅、秦阳、张雅丽等孩子也围过来，连劝带说、连拉带扯地将我弄出教室，段云龙和贾小虎见状，也蔫头耷脑、歪歪斜斜地离开了教室。

## ❀ 竟然有人觉得训练营不错

回到宿舍后，我头昏脑涨，一觉睡到其他孩子下课。我打了个哈欠，迷迷糊糊地睁开眼，看见段云龙和贾小虎俩人在下象棋。

我醒来后，猛喝几大口水，顿时清醒了很多。此时，高畅上完课回宿舍了，见我在喝生水，便上前好言相劝："小文老师今天讲了，不能喝生水，否则，人会得病的。你少喝点吧。"

我一怔，感慨道："我已经喝完了，没事的。老师管得还真宽，连吃啥、喝啥都管。"

高畅是个好孩子，他的回答符合一个好孩子的标准："这也属于习惯嘛，小文老师说了，习惯包括生活和学习等各个方面。"

听见我俩对话，段云龙插话道："今天下午讲的积极心理学是啥？"

高畅有些犯难，支支吾吾地说："我也没太听明白。反正是一门新兴学科，大致意思是幸福和快乐来源于阳光心态。要学会发现生命的内涵和潜在价值，控制负面情绪……"

段云龙不耐烦地打断他，说："别说了，太高深了。跟我们讲这些有用吗？我们的心态挺阳光的。"说完，继续与贾小虎下棋。

我呵呵一笑，说："是啊，我们都是俗人。"

说完，我拿出装乌龟的竹筐，朝里面投了十几粒龟粮。

高畅很稀奇地凑过来，说："这乌龟真好看，没见过这种彩色的。"

说到乌龟，我来了兴致，说："这叫金钱龟，好看吧？"

高畅目不转睛地答道："好看。"

## ❀ 与父母视频暴露出来的问题

虽然按营地规定，孩子们来营地的前三天都可以在晚饭后用助教的手机与父母视频，但第一天没有安排，因为第一天来营地，我们很忙乱，也很累。

所有营员的家长们、公司领导、营地老师、教官和其他工作人员都在一个微信群里。从我们来营地的第一天起，助教们便全天候地、实时地在群里发送我们的活动信息，包括照片、视频和活动简报。文洁老师和郝教官会适时与家长们互动。

第一天，群里比较安静。助教们发送了一些营员的照片和视频，向家长们报了一下平安。家长们的回应也很简单，表示放心了，同时也表达了良好的祝愿，说了一些感谢的话。

第二天晚饭后，我们都想与父母视频了。但在正式与父母视频之前，文洁老师让我们在运动场先活动一下，做会儿游戏。那天的活动内容是我们围成一个圆圈，伸出自己左手大拇指，让左手边的孩子抓，自己用右手抓住右手边孩子的手。

我发现后来每次孩子与父母视频前，营地都会组织一些活动或游戏。我才明白这样做的目的在于调动孩子们的情绪，让孩子们在与父母视频之前兴奋起来，保持一个良好的精神状态。

但是，由于我们刚到营地，又遭遇"收缴风波"的打击，游戏并没有起到调动情绪的作用。与父母视频的时间到了，我们自觉地分组排队，排队中的孩子在一边看着其他孩子与父母的视频通话，时不时地发表几句场外评论。

戴昕一看到爸爸妈妈就哭得撕心裂肺，说他们太狠心了，把她扔在这么个破地方，这里有很多虫子和蚊子，她边哭边向父母展示她胳膊上被蚊子咬的几个红包，她爸爸妈妈看了心疼不已，指责营地条件太差，管理混乱，质问助教是怎么回事，并让助教叫来郝教官。

高畅和石子义在一旁看到戴昕哭诉的样子，一开始漫不经心，一副事不关己的样子，但当戴昕爸妈责问助教和郝教官时，高畅和石子义看不过去了。他们凑过来跟戴昕爸妈解释道："没那么严重，叔叔、阿姨，可能是戴昕的体质招蚊子，你们看，我们俩都没有被蚊子咬。"

他们俩边说边撸起袖子，挽起裤腿，给戴昕爸妈看。高畅还说："小虫子更没事，又不咬人，我小时候都是把虫子当伙伴的，多好玩，多可爱呀。"戴昕爸妈叮嘱戴昕："那你就提前往身上多喷些花露水。"

戴昕含泪点头，仍是一副很委屈的样子。

轮到艾弥儿时，她说没什么好说的，不想跟爸妈视频。她爸妈只好向助教询问艾弥儿在营地表现如何，助教说她不太合群。艾弥儿爸妈说没事，她就这样。

段云龙爸妈很关切地问他营地咋样，段云龙说："不怎么样，我不想在这里待，白费时间，白费钱。"他妈妈说，她听说前几年其他孩子刚到营地也不适应，后来坚持下去了，收获都很大，她劝段云龙别急，多待一段时间再说。段云龙说："没用。"

眼看段云龙有可能被招安，我有点急。我必须表现得决绝一些，轮到我时，我暴怒地跟我爸妈直接说："我要退营！这里管得太严，不让走，我自己想办法！你们看着办！"

我发火时，我爸妈一直沉默不语。最后我妈说："你要是回来，就等于给我们判了死刑。你自己看着办吧。"

## ❀ 顾小丽请室友看电影

夜晚，营地宿舍，顾小丽、艾弥儿、韩梦娜、戴昕聊着。

韩梦娜拿起一把野花，递给顾小丽："你今天真棒，威震三'恶少'！姐挺你，鲜花献给美女英雄！"

顾小丽不好意思地接过花："他们3个男生太丢份儿了。该出手时就出手！走，我请你们看电影去！"

营地电影院很简陋。名为电影院，实际上是在大教室后面开辟了一个专区，只有几把椅子和一台多媒体一体机。

顾小丽、艾弥儿、韩梦娜、戴昕来到营地电影院时，看到墙上海报写了电影院院长高畅重点推荐的几部电影：《放牛班的春天》《死亡诗社》《街头作家》《神秘男孩》《天堂电影院》等。

戴昕问高畅："怎么都是国外的电影呀？"

高畅答："这几部青少年题材的电影好看。"

戴昕很不服气，说："不要崇洋媚外。"

顾小丽问："看一部需要多少积分？"

高畅说："20分。"

顾小丽回头征求其他三位的意见："这几部电影你们有谁看过吗？看哪一部？"

艾弥儿说："这几部电影都是关于男孩子的。"

韩梦娜说："还是看《放牛班的春天》吧，我看过好多遍了。但还是想再看，看不够。"

顾小丽点头同意："行，就是它了。"说完，掏出面值80元的"习惯货币"，交给高畅。

## ❀ 郝教官经历不一般

我妈说的话让我很难受。她的语气分明是要我在营地里继续待下去，而且她把营地当作救命稻草了。可是，我的心不在这里，待下去又有什么用呢？

真是可怜天下父母心！我不知道将来有一天我若有了孩子会怎样。想起来都累！我可能会不要孩子！

我必须离开。我都快要气炸了。我气呼呼地敲开郝教官卧室的门，把郝教官吓了一跳。

我一进门就嚷了起来："我的床坏了，没办法睡了。你给我妈打电话，我不想在这里待！"

郝教官一脸疑惑："床坏了？怎么坏的？你们来之前我都检查过了，没有损坏的床。"

我装得很平淡地说："压坏的。"

郝教官上下打量了我一番，呵呵一笑，说："难怪，你有两百斤了吧？"

我不耐烦地打断他："别扯这个，放我走。"

郝教官显然没有放我走的意思，说："你就不能让你爸妈省省心？你爸妈说了，你回去，他们管不了你，也不想管，结果只能越来越糟，在这里，你还有希望。"

36

在这里有希望？我看是死路一条。"希望？什么希望？"

郝教官耐性真好，继续说："哪个父母不希望孩子好？你父母把你送到营地，肯定是为了你好。我们知道你和你爸妈关系不好。别急，我们帮你寻找问题出在哪里。"

我瞪了郝教官一眼，说："你们是怕我走会影响其他人？你们要是答应让我走，我保证不闹，也会想出一个合理的理由，比如说家里有急事。"

郝教官仍很平静，说："你比较急躁。老师的话，你听不进去。这样，你先搬到我屋里，咱俩住一起，我有事找你商量。"

我完全没有想到他会这么平静，而且很快有了对策，如同早就计划好了一样。我问："跟你住一起，怎么可以？"

郝教官解释道："既然床坏了，那你怎么睡呢？也没有多余的床铺啊。再说你那几只乌龟放在宿舍里，大夏天的，有臭味儿啊，影响别人不说，也不符合规定啊！"

我不依不饶地坚持我的诉求："你放我走，不就啥事都没有了？直说了吧，我若一天不走，你们就一天不得安宁，我非走不可。"

郝教官避开我的锋芒，问："你到底怎么了？怎么跟个炮仗似的一点就爆啊。"

我没好气地答道："我就这样。"

郝教官依旧很平静地说："这样下去不行。你跟我住几天，我想跟你好好聊聊。"

跟我好好聊聊？不知道有什么好聊的。不过听说郝教官是从部队复员的，我倒有些好奇，问道："听说你当过兵？特种兵？"

郝教官说："是的。"

我打量了他一下，说："特种兵是不是什么都会？一个人能打好几个？"

郝教官说："射击、游泳、滑雪、格斗是基本功，还必须掌握飞车捕俘、攀登绝壁、擒拿格斗、无人区生存、伞降、泅渡、驾驶坦克和掌握各种武器等技能。"

我以前只是在影视剧里看到过特种兵，近距离接触特种兵，还是第一次，听他一说，我的好奇心被调动起来了，问："那得吃多少苦才能练出来啊？"

郝教官瞅着我，说："你说呢？哪一项技能若想要练好，都得吃苦啊！"

我说："你能不能给我讲讲你当特种兵时训练和执行任务的故事啊？"

郝教官爽快地答应了。

## ❀ 文洁老师说营地是战场

深夜，我们都已入睡。大教室的灯还亮着，文洁老师与郝教官、班主任徐芳芳、6位助教在开会。

那天晚上，我已搬进了郝教官的宿舍。等他开完会回来，我早就睡着了。

后来我从文洁老师那里了解到，这样的营地情况分析会每天都开，都是在我们入睡后进行，一般一次开一个多小时，有时一次开两三个小时。所以，营地老师和工作人员在大多情况下每天只能睡三四个小时，有时甚至只能睡两三个小时。

在这次会上，文洁老师说："今年这个营的孩子们的情况比较复杂，问题也比较多，从家长们在群里的反映也能感觉到这一点。"

班主任忧心忡忡地说："看这架势，雷霆、段云龙、贾小虎还会闹事。他们若再闹，就让他们退营走人，别捅出大娄子！"

郝教官表示反对："不能退。雷霆把床蹦坏了，我让他先跟我一起住几天，我跟他好好聊聊。先把他稳住，段云龙和贾小虎再说。"

文洁老师说："是的，不能退。家长把孩子们交给我们是对我们的信任，对我们寄予了厚望。我们一定要尽最大的努力，解决孩子们身上存在的问题。越是难搞的孩子，越能考验我们的能力。我们要与孩子们一起成长，一起进步。营地不是游乐场，而是战场。"

文洁老师的这几句话听起来很平和，却透露出一种深沉的力量。大家一时沉默，感悟着这种力量。

文洁老师继续说："开营第一周是问题集中爆发的时间段。这一周非常关键，如果不能让孩子们的心安定下来，接下来就会是一盘散沙，不可收拾。后面的课程和训练安排越来越重要，只有孩子的情绪稳定了，接下来的课程和训练才能起作用。适当的排毒有时候也是需要的，但不能影响大局和整体。21 天的整个过程很像是医生给病人看病，先找到病因，然后对症下药，最后补充营养。"

这番话是我从郝教官那里听到的，后来我一直牢记在心，在不同场合跟人提起过。多年后我还专门就这几句话向文洁老师请教，问她 21 天好习惯播种营是不是就像一个医院。文洁老师说："它更像是疗养院和补给站。"

文洁老师最后安排大家分头找孩子们聊天，以便及早发现问题，及时疏导并向家长反馈。她说，虽然在这个阶段孩子们一般不愿意多说，但也可以掌握基本情况。

## ✿ 戴昕惹怒贾小虎

第三天早晨，艾弥儿感冒了。其他 3 个室友都起床了，她仍一动不动。

顾小丽到她床前问："怎么了？"

艾弥儿不理，将身体转了过去。

韩梦娜凑过来问："病了？"说着就用手摸了摸艾弥儿的额头，说，"艾弥儿好烫！发烧了！"

艾弥儿生气地将韩梦娜的手拨拉开："你管我呢，你是谁呀，跟我有什么关系呀？"

韩梦娜也生气了，说道："不知好人心。懒得管你！"

戴昕见状，匆匆跑去向文洁老师报告："小文老师，艾弥儿发烧了，你快去看看吧。"

"是吗？我看看去。"文洁老师说完，随着戴昕快步来到艾弥儿的床边，然后俯身，将额头贴近艾弥儿的额头，艾弥儿将头扭到一边。

文洁老师吩咐其他孩子拿来湿毛巾，给艾弥儿冷敷，几次之后，艾弥儿稍稍退烧了。接着给营地医生打了电话。

文洁老师说："艾弥儿可能是感冒了，你们几个晨练去吧，我在这里等医生。"

文洁老师继续给艾弥儿做着冷敷，过了一会儿，再次俯身，贴着艾弥儿的额头，这次艾弥儿没有躲开。待文洁老师再次拿着冷毛巾过来时，看见艾弥儿一脸泪水。

不一会儿，营地医生来了。她给艾弥儿量了体温，问艾弥儿哪里不舒服，艾弥儿说："没什么，可能是因为吹空调，着凉了。"医生给她留下了两盒感冒药。

文洁老师叮嘱艾弥儿按时吃药，注意休息，然后问她："你是怎么来这里的？"

艾弥儿虚弱地答道："我妈让来的，在网上看到你们的资料。"

文洁老师："平时你妈管你管得多吗？你爸爸呢？他支持你来这儿吗？"

艾弥儿答道："他们都不管我。"

文洁老师问道："怎么从来不见你笑？上课也不见你举手回答问题？"

"我活着就是多余，干什么都是多余！"艾弥儿把脸扭向一边，气鼓鼓地说。

文洁老师拉住艾弥儿的手，说："你这样，挺让人心疼的。多漂亮的姑娘呀，老是愁眉不展的。"

"就这么活着吧。"艾弥儿边说，眼里又泛起了泪花。

文洁老师关切地问："有什么不开心的事？能跟老师说说吗？"

艾弥儿轻描淡写地说："没什么。"

文洁老师一时不知道该说些什么，二人陷入沉默。此时，楼道里传来吵吵嚷嚷的声音。

文洁老师对艾弥儿说了句："我出去看看。"贾小虎怒不可遏地在楼道里追着戴昕乱跑。戴昕看见文洁老师，像是抓住了一根救命稻草，立马跑到文洁老师身后躲起来。贾小虎顺手抄起楼道里的灭火器，绕到文洁老师背后，朝戴昕喷了起来，戴昕大惊失色，尖叫着朝楼道的尽头跑去。

贾小虎还想接着追，被文洁老师一把拽住，文洁老师说："你疯了？你想干什么？"

贾小虎被镇住了，停住脚步，将灭火器扔在脚下，气呼呼地说："她骂我妈！我饶不了她！"

此时其他孩子也进了楼道。文洁老师面向大家，问道："到底怎么回事？"

韩梦娜说："跑步的时候戴昕看到小虎腿上有伤疤，就问他是怎么弄的。贾小虎说是他妈打的。戴昕就随口说了句，'这叫啥妈啊，就不配当妈！'，贾小虎一听急了，就疯了一样地追戴昕。戴昕没有骂他妈，只是觉得他妈下手太狠了。"

贾小虎怒气未消，说："她敢这么说我妈，就是欠揍！"

文洁老师说："让我看看你的伤疤。"

贾小虎犹犹豫豫地挽起裤腿，又撸起袖子，腿上和胳膊上有多处伤疤。

孩子们不约而同地发出唏嘘声。文洁老师沉默半晌，心情沉重地问贾小虎："你妈妈为什么打你？"

贾小虎漫不经心地回答道："不上学，玩游戏，打架……大人打孩子不就因为这些事吗？打呗。"

文洁老师说："戴昕没有恶意，她是替你打抱不平，她那么说，应该是关心你。"

贾小虎低头不语。

## ❀ 老师分别找孩子们聊天

从第三天起，文洁老师开始讲学习方法和学习习惯。这是训练营的核心课程，包括创新型思维三大方法、快速提升成绩八大秘籍、思维导图等。目标是让孩子5分钟内记住80位随机数字，3分钟内记住36位随机字母，8分钟背会一首古诗词且终生不忘。

这些我在宣传材料上见过，但我一直半信半疑。我对学习没兴趣，谈何学习？这些都是我入营头几天的想法。后来我才慢慢回过味儿来，这些方法还真有些神奇，尤其是记数字的一套方法。同样神奇的还有思维导图，就是把大脑中的想法用图形表现出来，一篇课文，甚至一本书，都可以浓缩在一张图上，记起来又快又牢。

我发现很多孩子，尤其是那些原来不爱学习、很聪明的孩子，对这些学习方法特别感兴趣。当他们发现这些方法管用时，更是热情高涨。

当时我仍在考虑着如何离开营地。不过自从与郝教官住在一起后，我多了一份念想，就是想多听一听郝教官跟我讲他当特种兵的经历。让我没有想到的是，郝教官是一个真正的英雄。他曾在中缅边境参加过缉毒，与毒贩进行过交火和肉搏，目睹过战友的死亡，自己也几次与死神擦肩而过。

我的问题很多，从器械装备到训练科目，从执行任务到业余生活，我都想知道。郝教官很有耐心，对我所有的问题都一一进行了解答。

艾弥儿的感冒很快就好了，可仍然心事重重，不苟言笑。贾小虎因追打戴昕的事儿，向戴昕赔礼道歉，戴昕不计前嫌，二人成为好朋友。文洁老师、郝教官、班主任和助教们一有时间就与孩子们聊天谈心，48个孩子，多半都聊过了。

入营第四天午餐后，文洁老师与段云龙在操场上边散步，边聊天。

文洁老师问："你来营地，是周士渊老师介绍来的？"

段云龙说："是的，他到我们当地讲课，我爸听完他的课，就让我来这里学习。"

文洁老师问："听说你退学了？"

段云龙说："是啊，我妈就是搞笑！我都退学3个月了，还让我来这里学习！"

文洁老师温和地说："她肯定还是希望你继续上学啊。"

段云龙斩钉截铁地回答："门儿都没有！以后的路怎么走，我都想好了，不要他们管！"

## ❀ 这两个孩子都是玻璃心

老师们与孩子们聊天也是分轻重缓急的。由于我与郝教官住在一起，郝教官自然就负责做我的思想工作。他几次想跟我聊我的问题，我都回避了。我不愿意多说我的事，一想起来就烦。

郝教官单独与贾小虎聊过一次，聊得也不是太好。贾小虎被他妈管得很紧，打得很惨。表面上他好像一副无所谓的样子，其实内心很脆弱。这一点与艾弥儿有点像，都是外表与内心反差很大。只是艾弥儿受的不是皮肉之苦，而是心灵上的伤害。

入营第三天夜晚，文洁老师把戴昕叫到她宿舍聊天。戴昕不再像前几天那样哭哭啼啼了。她的总体表现还是挺不错的，但还是很娇气。她总是希望别人关注她，尤其是她老是缠着文洁老师。她很会说话，也总想讨别人喜欢。

"小文姐姐，你长得好漂亮！皮肤好，身材也好，还那么有学问。我将来长大了，若能成为您这样的人就好了。"

戴昕一进文洁老师宿舍，还没坐下就开口夸文洁老师。

戴昕的吹捧把文洁老师逗乐了。文洁老师说："哈哈，我哪有你说的那么好，我很普通，很平凡，我真心希望你们都比我优秀。"

"您还那么谦虚，反正我特喜欢您。您喜不喜欢我啊？"戴昕很直接，不遮不掩，喜怒哀乐都表现在脸上，这是她的一贯风格。

文洁老师点了点头："喜欢，你挺可爱的，小嘴很甜，上课也总是积极发言。"

戴昕立马兴奋得不能自己："真的啊？我太高兴了！您要是能一直喜欢我就好了，最好就喜欢我一个人。"

她说完偷偷地笑了。

"你爸妈肯定也很喜欢你，很宠你吧？"文洁老师不失时机地把话题引到她父母身上。

戴昕倒是痛快，说："嗯，他们超级爱我。还有我爷爷奶奶、姥姥姥爷，他们都爱我，我要什么，他们就给我买什么。我从小就没受过罪，他们说了，女孩子要富养。我长这么大没挨过打，也很少挨骂。这次算是破例了，他们头一回让我独自离开家，到这么远的地方。"

文洁老师语重心长地说："他们这么做是对的！人总得学着自己长大，不能让父母养一辈子。不过，你是幸运的，你看其他孩子，好多都挺苦的。你得理解爸爸妈妈的良苦用心啊！"

戴昕若有所思地表示赞同："我知道，这就是为什么那天早晨当我听到贾小虎说，他腿上的伤都是他妈打他时留下来的时候，我理解不了的原因。我没见过这样的父母。"

戴昕话音刚落，就响起急促的敲门声。文洁老师拉开门，顾小丽闯了进来。

顾小丽对着文洁老师嚷道："把手机还给我！"

文洁老师问："怎么了？你是不是有什么急事？"

顾小丽气急败坏地说："你别管，我反正是一天也离不开手机！"说完就转身砰的一声关上了门。

戴昕说："小文姐，小丽八成是有男朋友了。"

文洁老师："可能没那么简单。"

## ❀ 顾小丽逃跑了

深夜的营地一片静谧。

顾小丽从噩梦中惊醒。她辗转反侧了数次，然后悄悄穿好衣服，下床，溜出宿舍，急匆匆地走出营地大门，消失在夜色中。

清晨，起床号响起。郝教官在走廊里吹起哨子，催促大家集合晨练："抓紧起床！集合！前 10 名，每人加 10 分！"

我们起床、穿衣、洗漱，一片忙乱。就在这时，韩梦娜跑出宿舍，火急火燎地朝郝教官喊道："郝教官，郝教官，顾小丽不见了！"

营地运动场上，我们在集合。文洁老师、郝教官、班主任和助教们在紧急商议。

文洁老师说："郝教官，今天早晨找个孩子带队晨练，我们都分头出去找顾小丽，先调出监控录像，别急着报警，我们先找。"

郝教官说："好，我让雷霆负责带队，随时保持联系。"

郝教官走到队列前面说："雷霆出列！"

我一时没弄明白是怎么回事，边上已有孩子将我推到队列前面。

郝教官说："同学们，营地出现紧急情况，需要我去处理，今天的晨练由雷霆代我来完成！"

这是我完全没有想到的。看到郝教官一脸严肃，我立马挺直了腰板，答："郝教官，您放心，我保证完成任务！"说完，依照郝教官的做法，我喊起了口令，带着大家围着操场跑了起来。

文洁老师走出监控室，向大家布置任务："我从监控里看到，小丽出营地了，她离开营地时是凌晨4点半，我们分不同方向寻找。"

大家迅速散开。郝教官开上车，带着两个助教朝城里方向开去，文洁老师到营地后面的山上寻找，班主任领两个助教往山脚下的水库方向走去。

文洁老师一直往山顶上走，她远远看见有一个人影坐在悬崖边的岩石上，不时地向后看。她渐渐看清了，那个人影正是顾小丽，于是她慢慢靠近。顾小丽很快发现了她，扭头大喊："别过来！你再靠近，我就跳下去！"

文洁老师连忙止步说："好，好，我不过去。你也千万别动啊，我们说说话。"

顾小丽疯狂地喊道："没什么好说的，我都说过了，都是让你们给逼的！"

"哦，还是手机的事？就为这个？小事啊。"文洁老师上气不接下气。

"小事？在你们大人眼里，我们天大的事都是小事！"顾小丽大声喊道。

文洁老师连忙安抚道："我懂，这手机对你来说很重要。我们回去之后，我就还给你，好吧？"

顾小丽朝着文洁老师喊道："骗人！"

文洁老师说："前几天你不都挺好的吗？怎么突然变成这样了？你有什么事，就跟老师说，老师帮你一起想办法。"

文洁老师边说边朝顾小丽小心翼翼地靠近。快到跟前时，顾小丽转身扑到文洁老师怀里，号啕大哭。

顾小丽继续在文洁怀里哭诉："我妈不要我。我爸既恨我妈，又恨我。我男朋友也不要我，还骗我！"

文洁老师心痛地抚摸着顾小丽的后背，轻声问："哦，你有男朋友了？"

顾小丽痛不欲生地说："我很爱他，他却利用我。他说做生意需要用钱，就让我帮他找一家公司贷款，他来还钱。借款合同是我签的字，现在合同到期了，人家找我要钱。"

文洁老师问："你男朋友呢？"

顾小丽说："他躲起来了，找不着了。"

文洁老师说："这是大事。这样，我跟你妈妈一起商量一下怎么办。"

顾小丽一脸疑惑地问："你说她会管吗？"

文洁老师肯定地说："会的，相信我。"

顾小丽眼里满含期待地说："这事千万不能让我爸知道。"

## ❀ 很多孩子身上都有坏习惯

顾小丽事件来得有些突然，好在没出意外。文洁老师暂时将手机还给了顾小丽，同时与她妈妈讨论如何处理她的危机。

当晚的营地情况分析会很热烈，大家对重点孩子和重点问题逐一进行了分析。会议一直开到凌晨两点。

文洁老师说："现在的孩子都普遍比较脆弱和敏感。他们的心思很难猜透，有时小心翼翼，有时毫无顾虑，有时表现得很乖，但说不好什么时候就爆发了，顾小丽就是个例子。之前我们没有看出来她的问题，但她的问题很严重，我们需要密切观察她的行为表现和情绪变化。"

接下来，文洁老师让各组助教汇报自己小组里面重点孩子的情况，然后大家一起商量对策。

我在第一组，我们的助教是一个大二女生，她对我的印象很坏。她把我说成是一个被父母惯坏的"富二代"。她说，我好几次活动都没有参加，还总是欺负其他同学，点点这个，推推那个，所以孩子们都有点怕我，见我就躲。

她的观察的确很细致，基本属实。但我纯粹是闲得无聊，玩闹也是我表示友好和套近乎的一种方式，说我欺负人，就有点小题大做了吧。

好在郝帅教官做了一些正面的评价。他说，我现在情绪稳定了一些，没再闹着要退营，他还说，我其实还是有上进心的，只是需要些动力。

二组助教说艾弥儿有点怪怪的，干什么事儿，都是一个人，说话时声音很小，眼神游离不定，但她会默默观察，听别人说，偶尔插上一两句，小心翼翼地希望得到别人的关注。有时候会莫名其妙地流泪，仰起头，不想让别人看见。她问文洁老师，艾弥儿这种情况是不是抑郁症。

文洁老师说："艾弥儿的确有抑郁症的症状，她父母不太关心她，她需要爱和关怀。她表面上很冷漠，但其实一直在观察老师和其他孩子对她的态度，没到一定的时候，她不会积极融入集体，也不会那么容易活跃起来，她需要些时间预热。"

三组助教反映，段云龙身上有很多坏习惯，比如上课撕纸玩，东西乱放，上课时东张西望，下课就和别的同学追闹，老师说的话，他一句都没听进去。组织拍照时，他要么板着脸，要么不配合做手势和表情，要么脸朝着镜头相反的方向。

班主任补充说，段云龙跟幼儿园的孩子一样，吃饭掉米粒，还挑食，吃一顿饭，衣服就脏了。郝教官说，这主要是因为父母包办导致的，这样的孩子很多。

四组助教说，戴昕跟段云龙"不相上下"。她宿舍里的书桌整天乱糟糟的。她不会洗衣服，衣服发臭了还穿，与她住一起的人都想让她换房间。她比较娇气，早晨有一个孩子将漱口水吐到了她脚上，她不依不饶。顾小丽过去劝说了几句，戴昕又跟顾小丽吵上了，说顾小丽拉偏架。

文洁老师说，这些都是家教和生活习惯方面的问题，此后都有相关的培养训练。关键是坚持，在营地只有 21 天的时间，后期需要家长跟进。有些事情需要事先跟家长通报，让家长明白。

五组助教说，顾小丽情绪仍不稳定，她给那个长得有点胖的女孩起了外号，叫人家"杨贵妃"，人家怼她一句，她就跑过去推人家。

文洁老师对班主任说，可以跟戴昕交代一下，让她多关注顾小丽的行为表现，有情况及时跟我们汇报。

六组助教说，韩梦娜家里有钱，喜欢炫富，动不动就说家里有好多套房子，爸妈开的都是豪车，她穿的衣服一件好几千，还老说见过什么什么名人等，搞得好几个女生整天围着她转。自己积攒的"习惯货币"不够花，老找别人借，她有时表现好，纯粹是为了挣积分。

## ❁ 制作美食与生日晚会

孩子们最轻松快乐的时光是制作美食和晚饭后的集体活动。这让孩子们的天性和创造性能够得到充分释放。文洁老师会制作很多种美食，包括寿司、花样馒头、冰皮糕点、山药紫薯糕等。她只讲解制作要点和流程，样式任孩子们自由发挥。

晚饭后的集体活动都在操场进行，包括洗衣服、拔河比赛、十人九足、斗鸡、跳绳、乒乓球传递等。在集体活动中，孩子们忘掉了烦恼，卸掉了伪装，回到了天真烂漫的样子。

孩子们的笑脸多了起来，一些家长在群里看到活动的照片和视频后，情绪高涨，用最为夸张的语言表达他们对老师和工作人员的感激，用最为煽情的语言表达他们对孩子们的赞扬。

他们不知道这仅仅是开始，这些改变是表面的、暂时的、反复性的。

戴昕一直向文洁老师汇报顾小丽的情况，说她拿到手机后整天手机不离手，晚上总是一个人在操场转悠。文洁老师派班主任到操场陪她聊天，有时聊到后半夜，顾小丽都不愿回宿舍，说回去也睡不着。班主任只好继续陪着她，有时二人就坐在路边，一句话都不说。

戴昕建议，让顾小丽把手机还回去，否则对其他孩子的影响不好。文洁老师觉得她说得有道理，但决定再等一两天。

顾小丽妈妈因为实在放心不下，所以专程赶到营地，想跟顾小丽聊聊。无奈营地有规定，不允许家长在孩子入营期间来营地探望孩子，顾小丽妈妈只好与文洁老师单独见了个面，说了说顾小丽和她爸爸的事。临走前，她在营地外面躲在一个可以看见孩子们活动的地方，远远望着顾小丽，最后洒泪离去。

入营第五天是戴昕的生日，戴昕在两天前就很伤感。让她感到意外的是，老师没有忘记她的生日，还做了特别安排。

她生日的当晚，营地里搞了一场以友情为主题的歌会，当晚所有的歌曲都与友情有关，像谭咏麟的《像我这样的朋友》、田震的《干杯，朋友》、古巨基的《只友情不变》、可米小子的《青春纪念册》、光良的《朋友首日封》、周华健的《朋友》。

接下来的歌成了合唱，包括《祝你一路顺风》《朋友别哭》《同桌的你》《一路上有你》《放心去飞》《相逢是首歌》《毕业生》《大学自习室》《我们的纪念册》《中学时代》《毕业了》《青春日记》《纯真年代》《让我们荡起双桨》《文科生的一个下午》《栀子花开》等，大家一直唱到再也想不起来其他歌曲为止。

最后，戴昕被推到台上，站在生日蛋糕前，同时《友谊地久天长》的音乐声响起，戴昕满含热泪，声音颤抖地高声许愿："感谢老师们，感谢同学们，我的愿望就跟这首歌的歌名一样，'愿我们的友谊地久天长！'。我来这里，前几天感觉很害怕，很孤独，一直都在哭。从今天开始，我不会再哭了，因为有你们在！我会永远记住你们，记住这里的一切！"

## ❀ 孩子们的伤与痛

集体活动增加了我们近距离进行自由交流的机会，也增进了我们彼此间的了解。我渐渐地发现，很多孩子都不快乐：有的内心有过创伤，有的承受着巨大的心理压力，只是他们在表面上不像段云龙、贾小虎、艾弥儿和顾小丽表现得那么明显。

一个名叫宋佳妮的女孩整天一副谁都不怕的样子：说话带脏字，动不动就骂人，遭到批评，她就更来劲。有一次，文洁老师让她端正坐姿，她听到后竟然站起来，直接离开教室。

后来我了解到，她爸妈离婚后，她跟妈妈一起生活，她爸也再婚了，但仍插手母女的生活，想控制一切，动不动就责骂她们。

还有一个名叫黄媛媛的女孩，总是和其他孩子闹矛盾，尤其容易与长得漂亮或学习好的女孩闹矛盾。她说话总是夹枪带棒，声音不大不小，恰好能让别人听见；用词点到为止，却又意味深长。

黄媛媛来自天津，长相普通，眼小鼻塌，短眉毛，厚嘴唇，身高一米五，体重 130 斤。在她小时候，她家亲戚都劝她爸妈再生一个孩子，因为她妈生她时被医生打了催生针，这不光会影响孩子的形象，还会影响孩子的智力。

后来黄媛媛有了一个弟弟，然后爸妈把她送到没有孩子的舅舅家寄养。舅妈表面客气体贴，背后却嫌弃她吃得多。因为黄媛媛在家里缺少关爱，于是她广交朋友，重江湖义气，闺密与死党很多，经常替朋友出头或打架。最后舅舅只好将她送回到她父母身边。

秦阳来自云南，是他爸妈送过来的。他爸妈说他刚转到一个新学校，很不适应，不想上学了。他原来学习成绩挺好，转学后学习成绩直线下降，自信心也严重不足，他爸妈希望老师能帮帮他。到了营地后老师们才发现，秦阳很会伪装，他会装头晕、装胸闷、装可怜。他爸妈都是名牌大学的教授，对他的期望很高，管教也很严。他长期处于巨大的压力之下，精神高度紧张，最后采取"鸵鸟策略"。他爸妈以为是学校的问题，便把他转到一个更好的学校里，这下他彻底崩溃了。他害怕上学，更害怕考试，所以才不断编理由、找借口，不去上学。

高桥来自上海，表面上为人很豪爽大方，承诺送别人各种礼物，还喜欢谈论高尔夫、模特等话题。但据我观察，他并不是一个富家子弟。后来我才了解到他爸是一个不安分的生意人，张口闭口都是大目标、大项目，号称结交的都是大人物，结果生意没做多大，却把好高骛远、夸夸其谈的习性教给了高桥。

一个名叫沈贞贞的女孩来自哈尔滨，学习成绩非常好，长得也漂亮。她妈在政府机构工作，逢人就夸自己女儿优秀。所以这个女孩自我感觉很好，非常自负。有一次，她在过道里与一男孩迎面撞上，过道很窄，两人都不愿侧身让对方先走，争执过程中两人推搡起来，男孩的手无意间碰到沈贞贞的脸，沈贞贞就大哭并向她爸妈告状。她爸妈不依不饶，不仅要求男孩道歉，还坚持让男孩爸妈出面，批评教育男孩；同时指责营地管理有漏洞，他们自己在家都舍不得打女儿，花那么多钱把女儿送到营地，结果女儿受了委屈。后来沈贞贞自己说了实话，承认男孩不是故意的，她父母才作罢。

## ❀ 树有根，河有源

当然，并不是所有孩子的问题都那么严重。这里提到的这些孩子及其故事，也大都是时过境迁之后的还原，当时在营地并没有完全暴露出来，因为每个孩子都有两面性，外在与内在反差非常大。

但是，孩子毕竟是孩子，不管如何表现，如何遮掩自己的言行，都逃不过老师和教官的眼睛。由于教过的孩子很多，所以他们能很快发现孩子的问题所在。根据以往经验，这种辨识在入营后一周内基本完成。

与此同时，所有的孩子都会从入营的那一刻起发生变化，只是这种变化是静悄悄的，甚至连他们自己都没意识到。

拉开时空的距离看问题，很多人和事立马显得荒诞起来。时间越久，相隔的空间越远，越会如此。时隔 10 年再看我们当时的心境和所作所为，的确有些可笑。

我们的父母正是这样看我们的。我们自以为很成熟，但在他们眼里，我们不够懂事，不够听话。可是，当时的我们压力很大，很烦躁，很痛苦，这些都是真实存在的。谁能理解我们，帮助我们呢？

在学校里，老师和同学们帮不了我们太多；在社会上，我们认识的人有限，与我们相距甚远；在家里，父母又总是高高在上，除了要求，就是指责。他们看我们，正如我们看他们一样：不可理喻，让人讨厌。

不同的是，我们是弱者，与他们对抗是不敬和不孝的表现。我们只能隐忍，隐忍的结果是情绪崩溃。

为什么他们总是看我们不顺眼呢？因为他们对我们有期望，有标准。他们是导演，我们是演员；他们是裁判员，我们是运动员。他们对我们有不受监督的自由裁量权。

什么时候才能让天下所有的父母都明白：一个人不是只要结婚生子，就有能力教育好孩子，这是需要资质的。就像开车需要驾驶证，医生和律师执业都需要一定的资格一样，做父母不是生来就可以，也是需要后天学习的。

什么时候才能让天下所有的父母都明白：把所有问题都推给孩子的父母是不合格的。若家风和家教不好，孩子不可能好。树有根，河有源。若想要孩子优秀和杰出，父母得有好品德、好习惯。孩子模仿父母，跟父母学习。孩子能坏到哪里去？

## ❀ 一次承上启下的会议

在入营第六天晚上的营地情况分析会上，文洁老师说："孩子们的各种问题都在逐渐暴露，大家要针对不同的情况采取不同的方式方法，有的需要通过发现亮点，及时给予肯定，增强信心，激发潜能。比如，不服管理的孩子，我们恰恰可以给他安排个管理岗位，让他产生集体荣誉感和责任意识；不积极参加活动的孩子，我们就多鼓励他，多给他机会表现。"

"另外，要在家长群里多发图片和视频，展示孩子们阳光和进步的一面，让家长全程参与进来，也要让家长反省自身的问题。各组助教要将家长牵挂孩子、表扬和肯定孩子的留言整理出来，让孩子们听到或看到。"

这天的分析会算得上是一次承上启下的会议，文洁老师说得比较多。她说，我们这个训练营最大的特色是"境教"，就是专门创造一个特殊的环境，一切都是正能量的，包括氛围，让孩子们在这个环境里成长，感受这些能量，最后解开心结。

他们采用的是阳光教育、能量场教育，既要有面向所有孩子的统一管理，又要有针对不同孩子的特殊方法，这些训练方法可以弥补传统教育之不足。这就像保护树苗，先要把烂掉的根挖掉，扶持健康的部分，给予足够多的养分，然后树苗才能茁壮成长。所有训练都围绕一个目标——扶正祛邪、恢复元气、点亮心灯、重新起航。若要达到这一目标，他们需要精心设计，做好每一步，最重要的是发自内心地爱孩子。

她说："几乎所有孩子都不同程度地存在厌学、叛逆、孤僻、抑郁、创新能力差、不自信、不独立、不爱沟通、不会学习等问题，但孩子的所有问题都是由很多小事积累而成的。"

她忧心忡忡地说："青少年的情绪波动大，加之面临的压力加大，诱惑增多，容易被错误的观念带偏，对很多东西的认知是不正确的，以至于容易情绪失控，言谈举止令人难以捉摸。现在的孩子普遍早熟，对很多问题都有自己的看法，身上的问题由来已久，成因复杂，教育的难度非常大。"

她说："无家可归的孩子很多，有肉体上的，有精神上的；有的是被父母抛弃或放弃，有的则是主动逃离；有的孩子是因为渴望爱而得不到爱才会变坏，渴望被承认而不被承认才叛逆；有的受伤太重，远离人群，与人打交道时小心翼翼，连说话的声音都很微弱；而有的则走向反面——暴躁、易怒、为所欲为。"

文洁老师还说："有些家长在别人面前描述自己的孩子时，往往与别人印象中的孩子的形象大相径庭，或者说，家长对自己孩子的描述非常肤浅。有的家长不知道反省自身的问题，把希望寄托于学校。有的孩子去过其他营地，但都没有解决问题。有的训练营根本都不收这些孩子，但我们从不放弃任何一个孩子。"

## ✿ 外表坚硬内心脆弱的孩子

入营第七天的时候，我隐约感觉这个训练营有点意思，因为它颠覆了我以往的认知。我以前也参加过一些研学训练营，有观光旅游类的，有生活体验类的，有革命传统教育类的，但像这种专门聚焦好习惯、学习力和潜能开发的训练营，我在此之前从来没有听说过。

虽然我对训练营开始产生了一些好感，但当时仍抱着一个旁观者的心态。受文洁老师和郝教官的影响，受其他孩子身上一些变化的吸引，我的好奇心被调动起来了。我倒要看看，接下来到底会发生些什么。

"横看成岭侧成峰，远近高低各不同。不识庐山真面目，只缘身在此山中。"这首诗准确地道出了我当时的状态。我身在营地，却看不清训练营的目标，更不懂得珍惜。

作为一个旁观者，我也有一些心得。据我观察，很多孩子在营地里的表现应该是比在家里好。因为他们曾经被伤害，被误解，被压制，在营地这样一个全新的环境里，他们对营地生活和他人的评价暗含着某种期待，希望得到某些"补偿"，也是想向别人证明自己并没有那么差，那么坏。

事实上，营地领导和老师们也正是以此为基础和出发点的。孩子们伪装优秀或平静也好，虚构自己的痛苦经历或夸大自己对外界刺激的反应也罢，其本质都是一种试探、一种寻求关爱的信号。

我发现，有些外表文静的孩子讲出的经历却很恐怖，整天调皮捣乱、说话高声大嗓的孩子很在乎别人的评价，拥有一颗玻璃心的孩子一般都表现得比较积极，皮实的孩子表面潇洒，内心憋屈，也有些孩子一直比较倔强，表面上老实顺从，暗地里我行我素。

在得到老师的表扬和肯定时，孩子们会表现得很惊喜，甚至是疯狂，因为这种表扬和肯定是他们以前没有听到过的。

拿郝教官的话说，没有一个"坏孩子"不希望被认可，被肯定，被尊重，只是有的问题积重难返，家长需要持之以恒地给予孩子关心。很多孩子都是外强中干的，他们等待着被爱和被理解。他们的要求并不多，一个拥抱、一句赞美、一次击掌，甚至是一个笑脸，都能让他们感动和改变。在等待落空后，孩子们会更加叛逆。他们会厌恶甚至仇恨家长。

家长对孩子经常是爱恨交织的，孩子对家长也一样。这种撕扯将双方都推向错乱和疯狂，言行都充满了非理性，甚至走向暴力。家长居高临下，似乎处于上风，但家长和孩子受到的伤害是一样的。

## ❀ 观看升国旗仪式的珍贵情感体验

一周时间过去了。根据营地训练计划，这属于第一阶段。文洁老师说，第一阶段的效果并不理想。

入营第七天，营地组织孩子们到天安门广场观看升国旗仪式。与其他孩子一样，我也早早地就在盼望这次活动。虽然此前我来过三次北京，但观看升国旗仪式还是头一回。这次活动不仅给我留下了很多珍贵的回忆，也留下了许多让我思考和寻味的东西。直到现在，我的脑海里仍会浮现那些画面，心里涌起当时的那种感觉，一种我们称之为庄严与神圣的感觉。

观看升国旗仪式的前一天晚上，郝教官给大家讲了注意事项，包括起床和出发时间，带上身份证，出发前发放手机，以便我们拍照留念，到了天安门广场要守秩序、讲文明等。第二天凌晨 3 点，我们准时起床，没有一个人赖床或迟到。大家迅速洗漱完毕，排队集合上车。

到广场时，那里已是人山人海了。人们操着各种方言，穿着不同民族的服装，有序地排队，接受安检，朝着广场中央升旗台靠近。

渐渐地，天空变成了靛蓝色，又慢慢变成了湖蓝，并继续不停地变浅。当东方的天空从鱼肚白过渡到亮丽白的时候，路灯和景观照明灯关闭。

5 点 56 分，随着天色的渐渐亮起，太阳的光辉洒向大地，国旗护卫队出现在天安门前的金水桥上。我们远远看见中间的战士举着国旗，旁边的战士扛着礼宾枪。他们迈着整齐的步伐走到升旗杆下。大家不时拿出手中的手机、相机，拍摄着这一场景。

突然，喧闹的人群安静了下来。我转头一看，所有的人都站了起来，原来是开始奏唱中华人民共和国国歌了。我愣了一下神，也站了起来。此时，我感到血脉偾张，脸发热，心发烫，渐渐地，眼眶湿润了，泪水模糊了双眼，顺着脸颊恣意流淌。

我从来就不是一个感情脆弱或容易激动的人。在过去17年的人生经历中，我流泪的次数屈指可数，并且主要是因为挨打、受委屈，或要求没有得到满足。可是这一次我的眼泪却莫名其妙地夺眶而出，不受意识控制。这种感觉，我以前从来没有体验过。

我注意到，流泪的不止我一个，几乎所有人都热泪盈眶。有人把手按在胸膛左侧，脸庞在银幕光线中映得通红；有人双手合十放在胸前，低头默默地祈祷。

我含着眼泪，与大家一起，用颤抖的声音高唱着国歌，目视着国旗从旗杆底部一直升至顶端。国歌一共奏了3遍，用时2分6秒，这也正是太阳从地平线升起所需要的时间。

我们观看完升国旗仪式之后，又参观了毛主席纪念堂、人民英雄纪念碑、国家博物馆、故宫博物院和军事博物馆等。

整整一天，我都沉浸在庄严和崇敬的情感之中。这种情感照亮了我前方的路，将我从卑微和平凡中解放出来，提升到一个前所未有的高度，也让我的视野突然变得开阔起来。

第二章

承：老师和教官都是『老中医』

## ✿ 冰冻三尺，非一日之寒

来营地之前，一些孩子处于崩溃之中，或在崩溃的边缘。其他孩子的状态不是太好，面临着各种问题的困扰，有很多解不开的心结。

青春期本来就是沼泽地。远看美丽，实则暗藏着危险。那些在大人们看起来云淡风轻的事情，在孩子那里却如泰山压顶，有时可能会成为压死骆驼的最后一根稻草。

好在我们及时来到了21天好习惯播种营。在这里，我们遇到了文洁老师和郝教官；在这里，我们的问题暴露无遗，被及时发现和解决。文洁老师、郝教官及其他工作人员尽职尽责。

我们在表面上用放纵掩饰内心的弱小与痛苦，用温顺掩饰内心的狂傲与孤独。我们随时可能反叛，却又随时会被感动得热泪盈眶。

不同性格、心境与家境的孩子，进入营地时的状态也是不同的。表面上看，主要矛盾发生在孩子与老师和教官之间，其次才是在孩子们之间；而透过现象看本质，根源都是家庭、家教、家风。

冰冻三尺，非一日之寒。孩子们都是敏感而脆弱的。他们容易受伤，也很容易被改变。他们渴望被认同和肯定，希望受到鼓励，得到指引。

## ⚽ 谁是高手？

入营第八天的课程是"中国文化与中国人"。文洁老师走进教室时，教室正一片混乱。有几个孩子趴在桌上打瞌睡，戴昕仰躺在身后顾小丽的腿上，贾小虎在教室里跑动，石子义伸腿绊了他一下，贾小虎上去掐住石子义的脖子。段云龙在用圆珠笔敲桌子，敲得很投入，很有节奏感，一副忘我的状态，完全没有看到文洁老师进教室。

文洁老师在讲台上站定，往下看了看，然后用左手遮住左耳，作认真聆听状。其他孩子们消停了一些，但段云龙的敲打仍在继续。

文洁老师继续作认真聆听状。

戴昕不解地问："老师您听啥？"

文洁老师呵呵一乐，说："好美的音乐！"

其他孩子们不解，七嘴八舌地问："什么音乐？哪来的音乐？"

段云龙这才注意到文洁老师出现在讲台上，他赶忙收手，停止了敲击。

文洁老师说："段云龙同学请站起来。"

段云龙左顾右盼，犹犹豫豫地站了起来。

文洁老师问："段云龙同学，你是不是打过架子鼓？"

段云龙立马喜形于色，说："嗯，3 岁就开始练习，练了10 年，我就喜欢打架子鼓。"

文洁老师笑问："你教教大家怎么样？大家都拿起笔，跟着段云龙练练。云龙，你先带头。"

段云龙看了看文洁老师，又看了看其他孩子，孩子们已开始跃跃欲试了，有的鼓掌，有的吹口哨，有的大声喊道："段云龙，来一个！段云龙，来一个！"

段云龙坐下，犹犹豫豫地拿起两支圆珠笔，在桌子上敲起来。

所有孩子都围了过来，有几个孩子将自己的金属水杯放在段云龙的桌子上，让段云龙敲出金属的声音。

渐渐地，段云龙越敲越投入，越敲越疯狂。其他孩子都紧跟着拿起笔，在桌子上、椅子上敲了起来。我则用笔轻轻地、有节奏地敲着贾小虎的脑袋，贾小虎不以为意，继续他自己的敲打。

文洁老师也很兴奋，在讲台上跟着敲打，整个身体也都配合着节奏晃动。

段云龙停了下来，其他孩子也都停了下来，一片欢呼和掌声。所有孩子都很兴奋，一脸陶醉。

文洁老师兴奋地说："高手！你们都是高手！让我看看到底谁是高手？"

孩子们一脸疑惑。文洁老师继续说道："我说的高手，是看谁把手举得最高，举得最高的人才是高手！"

孩子们纷纷举起手，使劲踮起脚尖。

文洁老师大声说："举得最高的人加 20 分！"

文洁老师声音刚落，我噌的一下子站到椅子上，其他孩子马上效仿。我立马站到桌子上，其他孩子也跟着上了桌子。最后，所有孩子都站到了桌子上。

文洁老师朝我们招招手，并说："给雷霆加 20 分。他不光个儿高，主意也高！好，给段云龙加 10 分！其他人每人加 5 分！现在开始上课！"

## ❀ 寓意深刻的《苦菜花》

那一天，在"中国文化与中国人"的课堂上，我第一次真切地感受到了中国文化与我们的关系，知道文化就在我们的血液里流淌，就在我们的行为举止间，也懂得了我作为一个中国人的由来和应有的样子。

段云龙的架子鼓表演秀之后，课堂一片肃静。文洁老师转身在黑板上写下了两行字：

"为什么要开花？
因为根是苦的。"

文洁老师念道："'为什么要开花？因为根是苦的。'这是一首诗，是我见过的最短的一首好诗。这首诗的名字叫《苦菜花》。"

文洁老师边说边转身在短诗的上面写下 3 个字：苦菜花。

文洁老师："今天的课是'中国文化与中国人'，为什么先从这首小诗讲起呢？首先我们要知道什么是诗，然后再看看这首小诗的思想内涵是什么。"

文洁老师继续讲解道："诗是用浓缩的、形象化的语言传达心灵最深处的情感和思想。诗是种子，是阳光，是火源，是春天的气息，让人向真、向善、向美。"

"'中国文化与中国人'题目很大，包含的东西很多，我只能点到为止。作为一个中国人，我们要通过不断了解我们的历史，弄明白中华文明为何能几千年连绵不绝，中国文化的精髓是什么，我们应如何坚守文化自信与独立性，这些是我们成长、成才的根本。"

文洁老师点击了一下电脑，显示屏上出现一个文件夹，文洁老师点击"中国文化与中国人"，出现一篇文章的题目《你和我》。文洁老师说："我想给大家看一篇散文，标题叫《你和我》。这篇散文是很多年前我从网上下载的，我觉得它不错，就一直保留着。接下来我们一起来读一下。"

教室前的显示屏上出现《你和我》的内容，文洁老师领读，我们跟着她一起朗读：

"我走在街头，你迎面走来，我们身体错过，目光相遇却又移开。我想对你说些什么，可没有开口。转眼间我们都被淹没在人流中，淹没在各自记忆和意识流的深处，不留痕迹。你和我是两个独立的个体。

"我们有不一样的躯体、血缘和家庭，不一样的性格、成长历程和思维方式。你和我又是一体的，密不可分，心息相通。我们有共同的记忆。

"记忆是现实与表象之下的冰山。记忆是活着的历史，是代代相传的薪火。你和我既是物质的又是精神的，是真实的，又是虚拟的。我们是中国元素的载体，是历史和文化的结晶。

"我们是盘古、伏羲与女娲的后代，是炎黄禹周的后代，是孔孟老庄的传人。我们在圣贤教导、神话与民间传说的熏陶中长大，在富有乡土气息的农业文明中长大。我们的脑海里浮动着祖冲之、李时珍、花木兰、王羲之、玄奘、李白、岳飞、关羽、诸葛亮、郑和、曹雪芹的影子，熟悉秦皇汉武、唐宗宋祖、成吉思汗、康熙乾隆的故事。我们为四大发明、天文历法、金属冶铸、秦砖汉瓦、甲骨文、地动仪而骄傲，也为中医、中药、国画、武术而自豪。

"我们从小学用筷子、算盘、笔墨纸砚，学着包饺子、写对联、剪纸、扎灯笼、放风筝、刺绣，我们会制作精美的漆器、瓷器、彩陶、泥塑、紫砂壶、丝绸和蜡染。我们习惯穿旗袍、汉服、中山装，喜欢看戏听相声，看杂技和皮影，听古筝、二胡、琵琶、唢呐、快板和评书，喜欢舞狮子、扭秧歌、猜谜语、下象棋和围棋。

"我们心里装着天安门、故宫、人民英雄纪念碑、人民大会堂、五星红旗和国徽，血脉连着长城、长江、黄山、黄河、香格里拉、桂林山水、杭州西湖、西双版纳、天山天池、神农架、日月潭、黄果树瀑布、珠穆朗玛峰和雅鲁藏布大峡谷。

"当我们走近天坛、颐和园、兵马俑、都江堰、黄帝陵、蓬莱阁、黄鹤楼、少林寺、京杭大运河和敦煌莫高窟，祖先的光荣与梦想在我们的心中复活。

"这就是你和我共同的记忆，你和我共有的家园。我们也许地位卑微，也许历经磨难，也许处江湖之远，面对祖国，我们的心如同出淤泥而不染的鲜花一般开放，如不同的乐器在共同演奏一首气势雄伟的交响曲，一次次融合、共振、合鸣。"

孩子们朗读的声音越来越响亮，越来越整齐，也越来越有气势。朗读完，文洁老师说："这篇散文写得不错吧？我觉得很好。到时我会发给大家，也会发到家长群里。"

文洁老师继续讲解："文化就是一个民族、一个人身上的特性与底色。文化的烙印是与生俱来的，与我们终身相伴。不管我们走到哪里，一个中国符号、一句乡音、一幅照片都会牵动我们的心。"

文洁老师最后回到《苦菜花》上："中华民族是一个多灾多难的民族，所有中国人的心头都深深留下了苦难的烙印。

曾经的苦难已成为中华民族自强不息的动力之源。'为什么要开花？因为根是苦的。'这首小诗表达出的寓意，我想所有中华儿女都是能够心领神会的。"

文洁老师讲完，课堂上响起阵阵掌声。

## ❀ 我的心态开始平和

崇高与庄严、使命与责任、境界与担当，这些高大上的名词及伴随这些名词而产生的思想升华与神圣感，的确可以陶冶我们的情操，帮助我们树立正确的人生方向，尤其是在青少年时期。

恰恰也是在青少年时期，一切都是不稳定的，不同的价值观会轮番袭来，影响我们的判断。除了受到求新、求变的心理驱动，固有的、本已开始摇摇欲坠的旧习惯也可能会卷土重来。

就拿我来说吧。在营地经过前几天的训练，我似乎感受到了某种触动、某种变化。虽然一时还说不清、道不明，但我的情绪的确平和了，不仅不再怒火中烧、痛苦不堪，反而有了些许欢喜和快乐。

但这并不是说我完全接受了营地里的一切。这种"苦行僧式的修炼"放在以前是我完全不可想象的。没有手机和电脑，没有玩乐，没有名牌服饰，整天待在一个封闭的环境里，有的是满满的日程、高强度的体能训练、严格的作息、各种要求、各种生活习惯与学习习惯养成方法的传授与践行、团队建设活动和游戏，让人无暇他顾。这一切都在不知不觉中动摇我们心中原有的认知。这个过程很奇妙，我感觉到了，也观察到了。

人是环境的产物。我终于真正体会到了这句话的含义。在这里，我原来花钱大手大脚的习惯和欲望被完全遏制住了。首先是大家都一样，吃、穿、用都是整齐划一的；其次，虽然我身上一直揣着信用卡，但也没有可以消费的地方。这种不用花钱也可以过得很好的感觉还是挺不错的。

没有手机和电脑，我觉得也可以忍受了，没有零食和饮料似乎也可以，但缺乏肉食，我实在受不了。我原来在家时是一日三餐，无肉不欢。而在营地 8 天，别说顿顿大鱼大肉，偶尔有一个肉菜都是难得的。每当看到肉菜，我都很兴奋，但到头来很失望。营地里讲究合理膳食，营养均衡，怎么能满足得了肉食成瘾的我呢？

现在说起来，我仍觉得非常惭愧。当时的我就是那么没有出息，就因为想多吃点肉，干了一件现在我想起来还觉得很丢人的事情。

入营第 9 天午餐时，轮到我打菜时，由于吃肉心切，就不管后面其他同学，将小半盆红烧肉全部倒进自己的盘子里，因为我还打了素菜和米饭，盘子里盛不下了，我便将素菜连同米饭一起偷偷拨拉进旁边的垃圾桶里。

当时戴昕就排在我后面，她看到后并没有惊动我。她打好饭菜后东瞅瞅，西望望，找到文洁老师后，便端着盘子走过去，坐在文洁老师对面。

戴昕小声地跟文洁老师说："小文姐，雷霆太不像话了！我刚才看见他打了满满一盘子肉，然后把素菜和米饭都倒进垃圾桶里了。"

"是吗？我看看去。"文洁老师说完就要起身。

"现在别去。先吃饭吧。"戴昕把文洁老师按住了。

她左手按住文洁老师，右手往文洁老师的盘子里夹了一块肉，然后说道："小文姐，您怎么没打汤呢？我去给您打一碗去。"

还没等文洁老师开口，她就起身了。

打来汤后，戴昕坐下，跟文洁老师汇报了几个同学的最新情况："艾弥儿今天非要给她爸妈打电话，电话通了以后，她也不说话，听到她爸妈的声音后就一直哭。段云龙最近用'习惯货币'买了好几本书，课间休息和外出活动时都书不离手。他突然喜欢看书了。据他说，他退学后这段时间，他爸爸妈妈给他找了私教补课。他不想上，私教来一个，就被他气走一个，换了好几个私教了。"

然后她又继续汇报道："顾小丽情绪稳定了一些。她跟我关系好，还教我系鞋带、叠被子、洗衣服呢！"

文洁老师乐了，刮了一下戴昕的鼻子，说："还好意思说，系鞋带还让别人教啊？"

## ❀ 我当上了楼长

我将饭菜倒进垃圾桶的事情不大，但性质恶劣，很快大家都知道了。晚上下课我一回到宿舍，郝教官就劈头盖脸地问了一句："听说你今天出风头了？"

当时，我并不知道他说这句话指的是什么，还以为他是说我下午在课堂上得到表扬的事情，所以还有些得意地说："您也知道了，郝教官？是啊，文洁老师很有创意，说谁把手举得最高就是高手。我更有创意，我站到桌子上了，手举得最高。"

"我说的不是这个。"郝教官冷冷地说。

"那是什么？我今天没有闹腾啊？"我满怀疑惑地问。

"听说今天中午吃饭时，你打了满满一盘子肉，把素菜和米饭倒进垃圾桶里了？"郝教官仍板着脸。

原来如此！我气不打一处来，说："消息好灵通啊，谁告的密？"

郝教官打断我，说："你还来气呢？！大家都看着呢，还需要有人告密吗？"

我终于忍无可忍，说出了心里话："我就喜欢吃肉！这里老吃不着肉，又不让我出去吃，我多吃了点，还犯众怒了？"

"吃那么多肉干吗？饮食习惯不好！看你胖的！再不加紧锻炼，这身体就废了！光锻炼还不行，更重要的是需要控制饮食。现在的孩子吃肉太多，蔬菜、水果、蛋、奶摄入不足，大量喝饮料，尤其是冷饮，身体怎么能好得了？"郝教官对我一番训斥。

不可否认，他讲得句句在理！可是我仍嘴硬地说："您跟我讲的是道理，我要的是痛快！"

郝教官不禁脱口而出，说："欠揍！"说着，他做出捅我一拳的姿势，但只是比画一下，并没有真下手。

我有些受刺激，将计就计地说："就您？谁揍谁还不知道呢。您不是特种兵吗？咱们出去比画比画？我正好向您讨教讨教。"

郝教官二话不说，起身朝门外走去，然后扭过头说："来，来，来！"

说完，我们来到营地运动场草坪上。郝帅教官在草坪中间站定，就说："你可以从我的左、右、前、后任何方位，用身体的任何部位攻击我。把我放倒，就算你赢。"

我一看这架势，有点兴奋："行，那我就不客气了。"

我哈着腰，溜到郝教官的右侧面，拦腰将他搂住，试图将其摔倒。

郝教官用右臂反手夹锁住我的颈部，同时向右转体解脱。

我又从郝教官背后将其腰抱定。他用左拐肘横击之后，借助我向右躲闪之势，快速向右拧腰，转体一百八十度，成相对状，同时用右臂反手夹锁住我的颈部，并向后撤步，将我压制。我使出浑身解数也无济于事。

郝教官将我松开。我又张牙舞爪地扑过去，只见他一闪，我踉踉跄跄，郝教官抓住我的左胳膊，拿他的右脚扫了一下我的两个小腿，我顿时跌坐在地上。

郝教官说："起来，再来。"

我气喘吁吁地坐起来，说："不来了，服了。"

郝教官说："服了就好。听我的，锻炼加均衡膳食，两手都要抓，两手都要硬！"

说完郝教官招呼我坐下歇息，并说："坐下。跟你商量个事。"

我一时不知道郝教官想说什么，便问："什么事？"

郝教官说："我们这个营将近五十人，光是有组长和助教还不行，还需要个楼长，我顾不过来，你能不能帮帮我，来当这个楼长？"

我说："没问题啊！反正我闲着也是闲着。您说需要我干些什么，怎么干吧！"

"都是些杂事，作息、卫生、秩序等，看着不对和不好的现象都可以管。"郝教官解释道。

"行！我一定好好干！"我当场立下了"军令状"。

## ❀ 艾弥儿第一次有了笑脸

第二天晨练时，郝教官宣布了我的楼长任命，还让我到队列前讲了几句话。我首先感谢了郝教官对我的信任，然后表态说："虽然训练营时间已经过了一半，但我这个'半路楼长'还是很乐意为大家服务的。"

我说为大家服务是谦虚，其实我就是想体验一次"当官"的感觉。但我在管理别人的同时，也逐渐学会了自我管理，这也许正是郝教官的真正用意吧。

我跟郝教官说："为了方便工作，我回自己的宿舍住。得找人把我的床修好，要不就再换一张。另外，我将那几只金钱龟放到门卫孙大爷那里寄养。由于要检查营员作息、卫生和宿舍秩序，我自己首先要做好。"

入营第十天，文洁老师做了一个特别的安排。她要让那些平时从不发言的同学积极起来。为此，她提前与助教们进行了商量和安排。

那一天她继续讲记忆力训练。前面已经讲了连锁奇象法、故事奇象法和定位奇象法，那天讲的是数字快速记忆法。这种方法就是将 $1 \sim 99$ 之间的所有数字，分别安排一个对应的物件、图形或名词，牢记这种关联，看到数字时便会在大脑形成画面，数字便固化在心，长久不忘。

文洁老师先讲了这种方法的基本原理，然后便开始领着大家一遍遍地练习，既有集体背诵，也有单个抽背，直至99个数字与关联的物件、图形或名词，大家都熟练掌握。

那一年的训练营里，艾弥儿、顾小丽、贾小虎从不主动发言。戴昕则是过于积极，抢到发言机会，就高兴得不行，得到表扬，就搂住文洁老师不撒手；抢不到发言机会，就生气，直接说老师偏心，不爱她，不关心她了。有时为了引起老师和同学们的注意，她还会故意不来上课，装肚子疼、胸闷，发出怪声，或做出怪异的举动。

文洁老师说："每个同学都要主动积极发言，最好能上台，跟大家分享。这是锻炼自己的好机会。今天刚讲完了这个记数字方法，咱们趁热打铁，每人都站起来试试，最好到台上来分享，这样才记得牢。从现在起，举手发言并得到机会的，加5分。上台来分享的，奖励10分和一个拥抱。"

艾弥儿、顾小丽、贾小虎等孩子若有所动。

顾小丽和贾小虎分别得到了两次发言机会，得到加分并和文洁老师拥抱时，他们俩都非常兴奋。贾小虎上台分享时，因跑得太急而撞翻了一个椅子。文洁老师伸手要与他拥抱，他非常不好意思，一直站在原地不动，直到文洁老师走过去，他才迟疑地投入文洁老师的怀抱。

艾弥儿一直没有行动。

戴昕多次举手，但文洁老师一直没有让她发言，最后她趴在桌子上不抬头了。

文洁老师看着艾弥儿，说："还有谁愿意上来展示一下？"

班主任说："艾弥儿来一个，怎么样？"

全班响起掌声、呐喊声，但艾弥儿仍然在座位上一动不动。

班主任说："掌声再热烈一点，好不好？"

又一波掌声，艾弥儿还是不动。所有同学都围过去，连哄带说，连推带拉，把她弄到了前台。

艾弥儿半天仍不吭声，长长的头发盖着脸，低着头，大家继续鼓掌，文洁老师也给她加油打气。她终于开始背诵屏幕上的随机数字，她只用了5分钟就展示完全部数字的背诵，之后开始主动倒背，结果全部正确。台下响起一片掌声。

文洁老师将她紧紧搂在怀里。艾弥儿第一次有了笑脸。从那一天起，艾弥儿一改往日形象，变得阳光活泼起来。

## ❀ 顾小丽没有了后顾之忧

课后，文洁老师把顾小丽叫到一边，跟她说："你妈昨天晚上给我打电话了，说你的事都解决了，让你不要担心了。"

顾小丽十分惊喜地问道："真的？怎么解决的？"

文洁老师说："你妈找到你男朋友了。因为钱是打到他的卡上的，你只签了个名，只是名义借款人，所以不应该让你还钱。"

顾小丽仍不放心地问："那我男朋友同意还钱了吗？他为什么要躲起来？"

文洁老师说："他必须得还，他若不还，货款人就可以起诉他。他一直在骗你，说是借钱做生意，他根本就没有做生意，借的钱被他乱花掉了。他躲起来就是想赖账，让你来还钱，没有别的原因。"

顾小丽的痛苦溢于言表，说："我太傻了。我那么相信他。"

沉吟了一会儿，她又问文洁老师："我妈骂我了吧？"

文洁老师说："没有。你妈非常爱你，每次打电话都询问你在营地的情况，问得可细致了。"

顾小丽低头不语。

文洁老师说："你妈来过营地，跟我一起讨论你的问题，还说了她和你爸的一些情况。"

顾小丽说："我知道。她跟我说过。她没见我，挺好。我感觉也没脸见她。"

## ⚽ 戴昕学会一个控制情绪的游戏

当天晚上，戴昕跑到文洁老师宿舍，一进屋就气冲冲地说："小文姐姐，你是不是不爱我了？"

文洁老师安抚道："又怎么了啊，宝贝儿？"

戴昕不管不顾地说："今天课堂上是怎么回事啊？净让艾弥儿、顾小丽、贾小虎回答了，我每次都举手了，你都视而不见！"

文洁老师轻轻拉住戴昕的手，说："我都看见了。我知道你生气了。"

戴昕快哭了，问："为什么？"

文洁老师说："昨天就是艾弥儿、顾小丽、贾小虎3个的专场，你没看出来？他们几个一直都不发言。"

戴昕仍然气呼呼地说："我不管，我举手了，你不叫我，我很难受。"

文洁老师笑了，说："今天我弥补一下吧，单独给你开个小灶。"

戴昕一脸狐疑，说："什么意思？"

文洁老师神秘地说："教你一个游戏。你跟我学。"

文洁老师伸出左手大拇指，然后用另外的四个手指将大拇指包裹。戴昕犹犹豫豫地伸出手，跟着做了一下："这是干啥？"

文洁老师举起双手："这个大拇指是'情绪怪兽'，另外的四个手指代表理智。你以后想要发火或冲动时，都做这个游戏，怎么样？"

戴昕的怒气立马烟消云散，连忙点头，说："行，我以后试试。小文姐姐真贴心。我看您每天都好辛苦啊，来，我给您捏捏肩。"

戴昕转到文洁老师身后，开始给文洁老师捏肩。

## ❀ 不同风格的音乐有不同的魅力

入营第十一天的夜里，营地组织我们在运动场上搞了一场音乐歌舞晚会。运动场灯火通明，照亮了我们的脸。

音乐突然响起，是震撼、狂野、动感十足的非洲音乐。音乐声在空中回荡，也在我们的心头回荡。

音乐一直播放，但前台一直没有主持人。这时，文洁老师、郝教官、班主任、各位助教等走上前台，随着音乐的节奏舞动起来。他们一边舞动，一边招呼我们加入。

全场气氛热烈，我们发出尖叫。紧接着，所有的孩子都开始随着音乐的节奏舞动起来。长达五分钟左右的非洲音乐，一下将开场推向火爆。

所有人都跳得很投入，很忘我。

一曲终了，孩子们尽兴，回到原位坐下。

文洁老师拿起了话筒："刚才是非洲音乐。非洲音乐有什么特点？"

孩子们七嘴八舌抢答："热情""奔放""狂野""节奏感强"……

文洁老师说："很好。那中国音乐的特点呢？"

孩子们接着抢答："内敛""含蓄""优美""有意境""有韵味"……

文洁老师："中国古典音乐的名曲有哪些？大家能说说吗？"

这下子孩子们沉默了。只有两个孩子回答。

段云龙答："《高山流水》。"

韩梦娜答："《春江花月夜》。"

文洁老师说："对。大家可能听过一些，但不知道曲名。我给大家推荐几首，如《阳关三叠》《苏武牧羊》《梅花三弄》《胡笳十八拍》《古刹幽境》《琵琶语》《太极》《寒江残雪》《禅茶一味》《云水禅心》《灌想冥空》等，中国古典名曲都非常好听。大家以后学习累了或心情不好，都可以听听，放松一下，心情也会好起来。"

文洁老师接着说："我们接下来换一个风格。请韩梦娜同学给大家带来一首小提琴曲。大家欢迎。"

韩梦娜安静地走上前台，摆好姿势，调整了一下情绪，开始演奏。

随着音乐声响起，所有的孩子都安静了下来。

艾弥儿、段云龙、贾小虎、顾小丽、戴昕、高畅等人一脸沉思，也有人脸上挂着泪花。

韩梦娜演奏完毕，响起一片掌声。文洁老师走向前台。

文洁老师说："梦娜同学，说说你对这首曲子的感受，好吗？"

韩梦娜说："让大家说吧……"说完，她低头径自走回自己的座位上。

艾弥儿举手示意，文洁老师让她站起来说。"老师，这首曲子叫《殇》，作曲者是英格兰大提琴家杰奎琳·杜普蕾。匈牙利大提琴家斯塔克有次乘车，听见广播里正播放大提琴曲，便问身边人是谁演奏的。身边人说是杜普蕾。斯塔克说：'像这样演奏，她肯定活不长久。'不久之后，斯塔克一语成谶，杜普蕾真的去世了。"

文洁老师说："看得出来，大家也都很喜欢。大家从这首曲子中听到了什么？"

贾小虎说："回忆，思念。"

石子义说："悲悯，真诚。"

顾小丽说："哀伤，还有悲怆。"

段云龙说："对生命的热爱与留恋。"

文洁老师说："都对。听到即得到，这就是音乐。"

孩子们点头称是，显然感同身受。

文洁老师话锋一转说："不过，刚才艾弥儿讲的故事是一种误传。真实的情况是，这首曲子的作者是台湾音乐人徐嘉良，最初是 2002 年电视剧《乌龙闯情关》的片尾曲，后来还被用在其他几部电视剧中，然后又被音乐人改编成大提琴曲，由韩慧云演奏。"

文洁老师："不知是什么原因，那个错误的版本广为流传，以至大家都以讹传讹。真相就这样被掩盖了。我们可不要盲目跟风，人云亦云，更不要抬高别人，小看自己。"

按照节目安排，每个组出一个节目。韩梦娜代表六组，我们一组是蒙古舞《草原夜色美》，二组是舞蹈《吉祥三宝》，三组段云龙唱了首《生如夏花》，四组戴昕唱了首《隐形的翅膀》，最后是五组的合唱《我和我的祖国》，当音乐响起，在场所有人一起加入了合唱。

## ❀ 故事会变成"烛光夜话"

歌舞音乐晚会后，画风转换，运动场上关掉了所有灯光，草坪中间摆放着由蜡烛组成的"心"字，所有人围着"心"字坐在地上。

烛光摇曳，皓月当空，繁星点点，燥热的暑气仍没有散尽，运动场上不时飘过一股股清凉的风。

文洁老师说："大家离开父母11天了，都很想父母了吧？"

没有人回答。

文洁老师接着说："父母不在身边，大家都表现得很好。在过去的10天里，大家彼此也渐渐熟悉了。我们能相识，是一种缘分。今天我们特地安排了这个'故事会'，希望大家讲讲自己最难忘的一些人或事，说出自己最想说的话。只有敞开心扉，别人才能走进你的内心；只有大家都解开心结，真诚相待，才能成为朋友。"

仍然无人说话。只有风声和虫鸣。

郝教官望着我说："雷霆，你先说吧！"

说就说吧。反正我们以前不认识，再过几天又天各一方。讲讲自己的故事算是一种释放，也可以带动一下大家。

于是我说："行，我先说。"说完我从文洁老师手里接过话筒。

"我从小在农村长大，父母进城务工，待有所发展之后将我接到城里。自我进城后，我与父母间的严重冲突发生过很多次。有一次我实在受不了，离家出走了。我小时候由爷爷奶奶带大，上了初中才跟父母住在一起，两代人的教育方式不同，我跟父母也比较生疏。从乡下到城市后，老师和同学，我都不熟悉，生活环境变化很大，我的心理落差太大，一直适应不了。我进城后，父母可能是为了弥补早年对我的亏欠，在用钱方面，我要多少，他们给多少，从不管我，惯出了我花钱大手大脚的毛病。

"我想我爸妈也是爱我的，但就是不知道怎么爱。小时候我在乡下，一年到头见不到他们。我进城后，他们整天忙，一天到晚见不着人。他们一见到我就是横挑鼻子竖挑眼，我做什么都不对。

"我一直就不爱学习，学不进去，有可能是遗传吧。我爸妈自己初中都没毕业，不也活得好好的吗？有很多东西都是他们影响我的，比如他们也花钱大手大脚。这些就是我的故事，来到这个营地后，大家也都看到了，我不是一个好孩子。"说到这里，我真心觉得有些惭愧。

那天晚上，我平生第一次向人说出了我的故事和我的悔意。说完之后，我心里顿时轻松了许多，像是卸下了一个沉重的包袱。

## ❀ 因反叛而退学的段云龙

孩子们一个接一个地讲述了自己的故事。在那个安静而美丽的夏夜，48个孩子在星空下的烛光中，面对结识仅仅十天的老师和同学，尽情吐露着隐秘的心事。大家感受着彼此的喜怒哀乐，心灵一次次地靠近。这真是人生的一次难得经历，那天晚上的一幕幕场景我至今仍历历在目。

接下来，坐在我身边的段云龙接过了话筒。他的开头也比较别致，说："我已经退学半年了，准备找一份东奔西跑、走南闯北的工作。目的只有一个，就是想远离父母，自食其力。"

顾小丽打断段云龙，问道："挺好的。你想做什么工作？"

段云龙说："我做了一些调研，有两项新职业比较适合我，一个是民宿试睡员，一个是实景地图采集员。民宿试睡员就是到休闲度假胜地，帮助农家乐之类的商家改进他们的接待水平，从硬件到软件，从室内设计到餐饮等；实景地图采集员就是开着采集车满世界跑，拍摄世界各地的地形图。我一直喜欢拍照和设计。"

顾小丽兴奋地说："好浪漫！好有创意！"

文洁老师说："这两项工作实际上没那么简单。我觉得凭你们目前的知识和能力，估计很难胜任。这个以后再讨论。还是先讲故事吧。"

段云龙定了定神，说："行。我也讲讲。我爸妈把我管得太严了，让我透不过气来。我妈是医生，我爸是检察官，他们教育我的方式绝对与他们的职业习惯有关，是职业病在家庭的延伸。他们将接触到的，对不良社会现象的恐惧带到家庭教育中，整天疑神疑鬼，诚惶诚恐。我要说出来，大家一定会说没见过这么奇葩的父母。

"我父母对我的教育方式高度默契，形成了牢固的统一战线。说真的，我长这么大，就没有几件事情是由我自己做主的，我的一切都在我爸妈的操控和掌握之中。他们最喜欢在别人面前夸我的优点就是'乖孩子'和'听话'。偷看我的日记，随意进我的房间，公共场合羞辱、质疑、奚落我，这些对我来说都是家常便饭。

"他们不让我在暑假做兼职，不让我参加生日聚会，每天傍晚6点前我必须回家。我去哪里都得汇报，跟谁一起、回来的时间他们都问得仔仔细细的。晚上不准我出门，不让我有业余爱好。如果我想参加某个兴趣小组，看个演唱会，那他们都会一本正经地说：'把注意力放在学习上。'我的兴趣是搞科研，我妈偏让我学医，长大了跟她一样当医生。

"我跟女孩子接触，更是受到我妈的严格监视和控制。我妈动不动就翻看我的手机，查看聊天记录和短信。我妈有时会跟踪我，一旦发现我放学后与哪个女孩子走在一起，她就立马跑过去把我支开，还会对人家刨根问底。有一次我妈在我的作业本里看到一张香港女星年轻时的照片，以为是我同学，拿着照片跑到学校，把照片交给老师，问老师是否知道那个女孩是谁。

"我爸非常强势，什么都是他对，我做什么都不对，包括交什么样的朋友，买什么样的东西，穿什么样的衣服，都得按他的意见做。我一旦没有照做，他就把我说得一无是处。有一次，我在楼下公园透透气，回家后我爸对我说：'刚才你出门，我跟着你，看见你一个人在公园里，你连朋友都没有！'我终于爆发了，说：'我没有朋友，还不是因为你们？'

"我决定退学。让他们懂得什么叫作物极必反，什么叫作哪里有压迫，哪里就有反抗。我已经受够了。我要让他们知道我是一个活生生的人，不是他们手中的木偶。我不能做个'活死人'，我要活出个人的样子。

"那天我放学后，我妈开车接我回家。我坐在副驾驶的位置上。她一路上不停地问我在学校的情况。我突然脱口而出了那一句压抑已久的、最解气的话：'我不想上学了，我

决定退学，从明天起！'

"这句话如同一枚重磅炸弹，把我妈炸晕了。只见她猛地一脚踩住刹车，然后她握在方向盘上的双手开始颤抖，眼泪夺眶而出，一直流到下巴上。

"随后整整一个月，我把自己关在卧室里，泡在手机和电脑里，任我爸妈打我、骂我、劝我、求我，我都不出门，后来我爸妈又动员亲戚、老师和同学来劝我，也都一一失败。

"最后我爸妈说，我想要怎么样，想要干什么，随我。我说，我想干自己想干的事情，让他们不要管我。我爸妈答应了。"

## ❀ "我成了一个'多余的人'"

段云龙的故事引起了顾小丽的强烈共鸣。段云龙说完，她立马接过话筒，生怕话筒被其他人抢走。

顾小丽说："我爸爸也很奇葩！我爸毁了我妈的一生，也毁了我的一切！我妈挺好的，她当年家里比较穷，从外地来太原打工。我爸和我妈在一个单位，看着我妈漂亮，就开始追求我妈。

"我爸祖上四代都是太原人，家里因拆迁，分了四套房子。我妈想在城里过上稳定的生活，就嫁给了我爸。结婚后，我爸辞了工作，靠房租过日子，吃喝玩乐。我妈跟他三天一小吵，五天一大吵，从没有消停过。

"僵持了两年，又打闹了两年，我爸妈离婚了，之后又各自再婚，我跟我爸过。我爸坚决不同意我与我妈来往，若他发现我与我妈有联系，他就打骂我。我和我妈沟通或见面都偷偷摸摸的。

"我到现在都不清楚，我爸妈到底爱不爱我。我长大了不想结婚了，就算会结婚，也不想要孩子，因为太麻烦，自己痛苦不说，还给别人带来痛苦。"

文洁老师说："小丽，你不要太悲观。生活本来就是很复杂的。不管经历什么痛苦，遇上什么磨难，都要保持积极的心态。前几天我给大家讲了积极心理学，大家需要用心体会。"

## ❀ "我爸妈只爱弟弟，我怎么努力都没有用"

"文洁老师说得没错，但那是大人们的总结！大人们见多识广，经历多了之后，很多事情自然也就看开了。我们还不够强大，承受不了那么大的压力，很多事情往往化解不了，形成死结。"说这番话的是艾弥儿。

文洁老师示意顾小丽把话筒传递给艾弥儿。

艾弥儿接过话筒后，大家都将目光投向了她。

这个刚刚从阴影里走出来的女孩令大家刮目相看。她不再是长发遮脸，而是将头发梳到脑后，用一根皮筋利索地扎起来，看上去很干净，很漂亮。话也比以前多了，脸上带着微笑。

艾弥儿抬起头，望着星空说："很小的时候，我不懂得什么叫忧愁，什么叫压抑。父母对我挺好的。我学习成绩很好，既聪明又懂事，在家和在学校都是好孩子、乖孩子。可是当我弟出生后，一切都变样了。

"我妈是大学老师，我爸是工程师。他们的思想很传统，明里暗里都重男轻女。他们偏爱我弟弟。自从我弟弟出生后，他们的心思就全部在我弟弟身上，对我越来越严厉和苛刻，后来变得冷若冰霜。但他们一见了我弟弟，表情、神态、说话的语音和语调都会不一样，变得温和慈祥，充满爱意。

"我还是那个我，一如既往地听话和努力，但我父母不再表扬我，而是不断提高对我的要求，对我不断进行打击和批评。我知道，这是因为他们的爱转移了，他们不爱我了，才会这样。这是他们的潜意识，我没有说破，就算我说破，他们也不一定承认。我表现得再好也不可能让他们满意。比如说，我在学校考了第一名，他们会问我为什么没考满分。他们特别善于拿其他孩子的长处比较我的短处，当有人夸我时，他们总能立马找到理由反驳，一个劲儿地将我贬低。这样做的结果是我越来越没有自信，我觉得自己一无是处。很多时候他们对我的责备毫无理由，忽视我的存在也从来不需要任何理由。上个月我爸没经过我同意，就把我收藏的纪念品送给了他同事的孩子。结果这孩子根本就不喜欢，当场就给摔坏了。我回家后问我的纪念品怎么不在了，他还假装不知道，后来我发脾气了，我妈才吞吞吐吐地说了出来。

"我活得太累了，于是我放弃了，不再讨好他们，也不再在乎他们对我的评价。长期忍受的结果使我患上了抑郁症。我爸妈没有发现，只有我自己知道。

"我在网上查看了有关抑郁症的资料，知道治疗抑郁症是一个漫长的过程，病症会不断加重，不会因为某件事、某个好消息而好转，只能靠内部驱动才能自愈。如同向日葵需要阳光一样，其他外力只能起辅助作用。可是我没有内部驱动力，连外力都没有。

"一开始，我在人群中还会偶尔伪装高兴，后来连伪装都放弃了。我独处的时候经常情绪失控，浑身发抖和哭泣，尤其是天气不好的时候。

"有时我爸妈也会问我为什么不爱说话，年纪轻轻的，怎么没有活力，不自信。我还想问他们呢！我成了一只没有油的灯，油尽灯枯。

"在来营地之前，我对生活感到绝望，那种感觉就像是面对一桌好菜而自己没有味觉，只能欣赏一下菜的外形，然后看别人吃得津津有味。我也喜欢看花、看小孩，但内心并没有欢喜和感动。种子若是在冬天被冻死了，即使春天来了，它也是不会发芽的。

"来营地10天，我感觉我的很多知觉都在复苏。对我来说，这里是一个疗养院，我就是一个病人，我需要这样一个地方。"

## ✿ "我和我妈都在迷宫里，都在找对方，却找不到！"

艾弥儿的故事开头很压抑，结尾却有一抹亮色。艾弥儿讲完，贾小虎接过了话筒，但他拿到话筒后，好半天不吭声。他看上去有点紧张，扭捏了一会儿，终于开口说：

"在过去的几年里，我经常会做一个同样的梦。我梦见我在迷宫里找不到出口，急得喊妈妈，可是我怎么喊，也没有人应答。就在这时，我看见我妈也在与我相邻的另一个迷宫里找我，嘴里也在喊叫着，但她在喊什么，我一点也听不见，从她的口型上判断，她在喊我的名字。

"这个梦很像我和我妈之间的关系：我和我妈都在迷宫里，都在找对方，却找不到！我爸在我10岁的时候去世了。我妈把所有的希望都寄托在我身上。这种霸道的爱让我越来越受不了。与艾弥儿的爸妈相反，我妈给我的爱太多了，多得把我压垮了。

"我妈是一家大公司的人力资源总监，平时工作非常忙，但这并不影响她对我的看管。她看管我的方式有很多，将各项规定贴在我的床头，手机遥控，留言条，与老师经常沟通，让我写学习总结和思想汇报等。

"我爸去世后，我妈一直没再婚。有一次我考试没考好，她被老师叫过去说了一通，之后她把我狠揍了一顿，然后又抱着我痛哭。那次她跟我说，她不再婚的原因就是怕我受委屈。

"我平时其实挺努力的，但成绩一直上不去。她最害怕被老师叫到学校受训，内心会很受刺激。她说，做'坏孩子'的家长是一种一票否决的失败感！不管她在外面多么努力，多么成功，一旦作为'坏孩子'的家长走进学校，她立马觉得矮人三分，自己什么也不是。

"有那么严重吗？不就是学习成绩不太好吗？我又不是不努力。再说了，学习成绩不好就是'坏孩子'吗？我在其他方面强，不也可以吗？

"我爱画画，非常痴迷，但我妈不让！我还是控制不住自己想当一个画家的欲望，我每天眼里看到的、脑子里想到的都是画面和构图、色彩和线条。我想报班学习，我妈不让，我就自己买书看，也在网上看画家的作品。在掌握基本技巧后，我就背着我妈偷偷地画。

"有一段时间，为了逃避我妈的催促和监控，我想到了一个出奇制胜的方法，那就是'装'。每次放学回到家里，我就会主动说，我要去写作业了，之后我就关上门偷偷画画。这一招儿开始有奇效，直到有一次妈妈在门缝里偷偷发现了我的秘密。

x

"她推开门，很气愤。我说，多大点事，至于吗？

"她一听，一把抓起我的画，将画揉成一团，扔到纸篓里。我拼命抱住她，想从她手里将画抢回来，那可是我画得最好的一幅画。我妈突然哇的一声哭了，把我吓了一跳。我连忙松开了手。

"她丢下画，跑出我的房间。我不知道她为何会哭，我以为是我把她的手弄疼了。我赶紧跟着她到了客厅。只见她扑倒在沙发上，越哭越凶。

"接下来好几天，她都不跟我说话。我看过一篇文章，如果当你最爱的人因为惧怕、讨厌、不屑而躲避你的时候，你会感到一种锥心的痛和挫败感。我感觉到了冷战的威力，我投降了，我跟我妈认错，向她保证我以后不再画画。

"我不再画画后，成绩果然有所提升。我妈很高兴，她一高兴就给我买东西，吃的、用的、穿的。还给我买了一缸我最喜欢的金鱼。那可是鲜活的生命。我把鱼缸放在我房间里，学累了就去看看鱼，给鱼喂点鱼食。

"可是好景不长。有一次期末考试，我因为吃坏肚子，没考好，成绩又回到画画前的水平了。我妈又劈头盖脸地骂我，我辩解了几句，我妈便将矛头指向了我心爱的金鱼，一气之下竟然将金鱼捞了起来，全部摔死了！当时我就想，我妈不是想让我好好学习吗？我偏不学！我要跟她对抗到底！

"从那一天起，我开始经常逃学，上课也不专心，成绩永远排在倒数之列。我妈气急了，开始打我，但丝毫没起作用。她不知道就在我看到一地死金鱼的时候，我的心也死了。

"我妈很爱我，这一点我知道。但我恨她，她也知道。这就是我的故事。"

## ⊛ "我的心理不健康，内心很空虚，这种空虚来自我父母"

贾小虎的故事对韩梦娜触动很大。贾小虎说完，她立马向文洁老师举手示意。文洁老师让同学将话筒传到韩梦娜手上。

韩梦娜接过话筒，看上去很激动，以至于拿话筒的手有些颤抖，她说："我不知道现在的大人都怎么了！他们总说我们任性，殊不知他们更任性！他们觉得我们不可理喻，但他们有时更不可理喻！

"前面几个同学的故事虽然都不一样，但有一点是相同的，那就是大人们不理解我们，他们凭个人的标准、喜好、思维方式要求我们。至于我们能不能接受，他们根本不管。他们的所作所为是否伤害了我们，他们更不管。有时他们压根儿就没意识到这一点，这才是最可恨的！

"我的心理不健康，内心很空虚，这种空虚来自我父母。"韩梦娜的声音里充满了忧伤。

"从我有记忆开始，我的家庭就像一个战场，我不知道下一场战争何时会爆发，时刻都处在惶恐不安中。我爸妈有吵不完的架，有时阵势大得能把邻居都引来围观。很多次，我在专心做习题时，家里会突然传来吼叫声或摔东西的声音。

"我现在非常害怕突如其来的声音，害怕别人高声说话，尤其在一个比较安静的环境里，若是突然有这样的声音，我就会心惊肉跳，就想赶紧找一个地方躲起来。我知道这是一种病，是惊吓带来的后遗症。

"在我很小的时候，我爸妈一吵架，我就劝说他们，却根本不起作用。我长大后，他们吵架时，我就一个人关上门，盖上被子，戴上耳塞，把自己封闭起来。我知道这是自欺欺人。

"由于我爸妈长期不和，家庭气氛非常压抑。有时即使他们没有发生争吵，但那种针锋相对、无视对方的气氛同样让我局促不安。

"有一天，我在睡梦中被他们的吵架声惊醒，我忍不住打开门偷看一眼，我发现我爸妈都变成了怪兽，面目狰狞，眼里喷出的火光仿佛能把对方点燃。他们厮打着，比我看过的任何恐怖片都要恐怖。

"他们吵架的原因很多。早先穷的时候，为钱而争吵！我出生后，为我的教育方式问题而争吵！有钱后，为我爸在外应酬多和夜不归宿而争吵！后来他们彼此都怀疑对方有外遇，因为这个，他们吵得最多，最厉害的一次是我妈大半夜跑出去要跳河。

"我上了小学之后，他们开始在乎我的成绩。我就想，他们吵架或许是因为我不够优秀，当我变得足够优秀的时候，他们就能停止战争，于是我拼命学习，还拼命讨好他们。但后来证明我做的一切都是徒劳的。

"他们的争吵直接导致我性格孤僻和不自信。我不喜欢与人交往，说话容易伤人，没有什么朋友。我觉得活着没啥意思，前途一片灰暗。

"我很累，我很想知道他们累不累。我搞不明白他们为什么要结婚，为什么婚姻生活会是这个样子。我开始思考什么是爱情，什么是婚姻，但是我想不出答案，婚姻让我感到恐惧，我想我情愿永远单身。

"来到营地后，我看到、听到和感受到的一切让我发生了一些变化。我将来要选择心理学专业，为受伤害的孩子和不懂得如何教育孩子的家长们提供帮助。"

## ❀ "爸妈为了让我戒掉网瘾，费尽了心思"

韩梦娜话音刚落，石子义起立，举手示意要求发言。他拿起话筒后，沉吟着，仿佛是在做一个重大决定一样。

"韩梦娜刚才讲到来营地后她发生的一些变化。我也感觉这个 21 天好习惯播种营比较独特，在来这个营之前，我曾参加过好几个训练营。我爸妈把我送到这些地方的目的只有一个，就是让我戒掉网瘾。"石子义终于开讲。

"我爸妈都做生意。我妈属于那种强势、控制欲比较强、情绪化比较严重的人，我爸则老实巴交，不善言辞，比较死板。虽然我的家庭条件不错，爸妈对我也很关心，但我总觉得跟他们在一起没什么话可说，我更愿意一个人待着。

"网络游戏应该是很多人都玩过，也喜欢玩，但像我这样重度痴迷的人可能不多。网瘾患者的所有症状我都有，我玩起游戏来就高度兴奋，以至于通宵达旦，茶饭不思。一离开网络，我就失魂落魄，神思恍惚。渐渐地，我变得性格怪异，冷漠无情。

"一开始我只是背着我爸妈偷偷玩，后来我常往网吧里钻。由于我爸妈管得严，我每天一大早会打着上学的旗号，背着书包直奔网吧，差不多到放学时间再回家。就这样持续了半年多，我不仅把我爸给我的学费等都送进了网吧，而且还因为钱不够，不断向我爸索要'周末补习费'等各种费用。再到后来，我就把我爸珍藏的名酒拿出去卖了之后给游戏充值。直到期末我拿不回成绩单，我爸妈到学校找到老师，才知道我已经半年多没有上学。

　　"这消息对我爸妈来说如同五雷轰顶。他们开始监控和管教我，没收我的手机，每天上学放学亲自接送我。我突然玩不成游戏，脾气变得非常暴躁，我吵闹、绝食、离家出走，我在家里乱砸东西，吊灯、镜子都被砸坏过。我爸妈为此想尽了各种办法，但是对我依然不见效。我眼看着我妈的头发在一天天变白。

　　"我爸妈为了让我戒掉网瘾，费尽了心思。我爸妈曾把我送到一个名为'新生'的戒除网瘾学校。这所戒除网瘾学校一开始只收戒网瘾的学生，后来扩大到招收有早恋、厌学、叛逆、拖沓、抑郁、同性恋等问题的学生，好像什么问题都可以纠正，号称通过饮食治疗、药物治疗、心理治疗、健康治疗，帮助孩子养成良好的生活、学习和运动习惯。每一种治疗方法都有看似科学合理的说明，还附上一些成功案例。20 天收费 8 万元。

　　"我进去之后才发现，一切都是假的。所谓的'校长'原来就是开网吧的，招收的老师都是社会闲散人员。所谓的方法无非是暴力加恐吓，除了打骂和训斥，还会关禁闭、不给饭吃。训练营成为'集中营'。

　　"这个学校开了两期，就因家长举报而被取缔，'校长'等人都得到了应有的惩罚，但这段经历给我留下了阴影。从学校回来，我每天做噩梦。有一段时间，我真的不再玩游戏了，倒不是不想玩，而是我觉得我若再玩，就对不起我爸妈的一片苦心和那 8 万块钱，我的罪也白遭了。

　　"但是 3 个月后，我又开始玩了。我爸妈又想新招儿。

一到寒暑假，他们就给我报各种研学营，有观光旅游的，有生活体验类的，反正不让我一个人待着。

"再后来，他们看到一个以青少年成长为主题的电视栏目，这个栏目启发了他们。他们看到有个孩子在参加节目后，成功戒掉了长达 3 年的网瘾时，备受鼓舞。

"去年暑假，他们通过湖北乡下当小学校长的亲戚牵线，将我送到一个农民伯伯家里过暑假，将农民伯伯的儿子交换到我们家。刚开始的时候，由于我第一次到农村，我看着什么都新鲜，但后来越来越百无聊赖，到最后简直是度日如年。

"我爸妈想的这些办法都没有真正解决我的网瘾问题。总体上来说，我的网瘾已过峰值，正在渐渐消退。但我知道网瘾的危害有多大。我感觉 21 天好习惯播种营可以挽救有网瘾的孩子，至少是很有希望的。"

## ⊛ "只要旁边没有大人在，我就心慌"

"我爸妈也看过类似的节目，还说过要给我报名呢。"石子义说完，戴昕接上了话茬。

"我来说说吧。有人说我得了'公主病'。我上网查了，我并不完全符合。不是谁都有资格得'公主病'的，得家里条件好，习惯养尊处优才容易得这种病，可我的家庭条件一般。

"我父母都是基层普通公务员，我们不是那种大富大贵的人家。可是我从小都是在爷爷奶奶、姥姥姥爷、爸爸妈妈的娇惯中长大的，想不娇气都难。

"我爸妈结婚晚，结婚后 3 年我才出生。那时爷爷奶奶、姥姥姥爷都退休了。在我很小的时候，他们都围着我转，抢着照顾我，比着给我买东西和宠我，还会因为我闹矛盾。

"我爸妈工作忙，所以不得不让爷爷奶奶、姥姥姥爷来照顾我。虽然我爸妈觉得四个老人这样做有些不妥，但早些年没有发现大问题，也就听之任之了。等到后来他们发现不太对劲儿时，一切都晚了。

"从上小学起，我就一直与我爸妈住在一起。他们说我的毛病很多：每天早晨我赖床不起，干什么都是磨磨叽叽，我的房间里永远都是乱七八糟的，自己从来不收拾！我的衣服，我从来没洗过，我也不会洗；我吃东西很挑剔，喜欢甜食，不喜欢吃蔬菜；我想吃什么都等大人买，喝水等大人倒，吃水果等大人削皮等。

"他们还嫌我爱发脾气，这一点我也承认。一块橡皮找不到了，我会发火；饭菜不合口了，我也会发火；给我买的东西我不喜欢，我会直接扔到外面。我特别喜欢那种众星捧月的感觉，害怕受同学冷落，害怕被老师批评，更受不了被人嘲笑和看不起。在我心里，世界就应该以我为中心，所有人都要围着我转才行，一旦别人对其他人有了一些关心，我就会懊恼、难受，我把所有的情绪都表现在脸上。为了保持这种感觉，我会讨好别人，给别人好处，或假装关心别人。

"我特别害怕独处，不敢一个人走远。只要旁边没有大人在，我就心慌。这次来营地是我爸妈背着我商定的，他们可能是下决心让我锻炼锻炼吧。刚开始我特别恐惧，现在好些了。大家不要笑话我啊。小文老师教了我很多东西，小丽姐也帮了我很多，还有梦娜，我一辈子都不会忘记你们的。"

## ✿ 为了一顿烤肉，我答应做动物知识讲座

戴昕讲完，已经是 10 点半了。接下来，其他孩子争相发言，都到 11 点半了，大家的兴致仍然很高。

回宿舍的路上，郝教官扯了扯我的袖子，说："晚会上光听你叫喊了，怎么不见你上台露一手？"

哪壶不开提哪壶！我有些懊丧地说："我没啥可露的啊。"

郝教官追问："你就没个业余爱好？"

我想了想，说："有啊，吃喝玩乐。这些拿不上台面啊！"

郝教官乐了，说："那算什么业余爱好？你不是喜欢小动物吗？这也算业余爱好啊。你能不能给大家做个动物知识讲座？"

我一听，顿时来了精神，说："能啊！不是吹牛，我不光养乌龟，我养的动物可多了。水晶虾、蜥蜴、变色龙、蛇、蜘蛛、蜈蚣、仓鼠、土拨鼠、刺猬，我都养过，算得上是'半个专家'。"

郝教官使劲拍了一下我的肩膀，说："那好，你准备一下，你若讲好了，我请你吃烧烤，让你过把瘾！"

我当下答应，问："真的？说话算数不？"

郝教官与我拉钩，说："那必须呀！"

回到宿舍，我对郝教官说："我明天晚上就回到自己的宿舍去睡。今天太晚了，就在你这里再住一晚上。乌龟，我下午已交到门卫孙大爷那里了。"

郝教官说："行。今天晚上的'故事会'你表现得不错，开了个好头！"

听到郝教官的表扬，我有些不好意思，谦虚地说："也

不是，是水到渠成。时机和场合都正好，大家都想一吐为快。"

郝教官点了点头，说："是的，说出来，人就松快了。卸下包袱，轻装前进。"

我非常认同，且深有体会地回应："再不说，就要发霉、变味儿了。"

"我带的孩子越多，越来越感觉到，你们这一代孩子挺不容易的，遇到的问题是我们这一代以及上一代都没有遇到过的。"郝教官突然有些沉重地说道。

"可不嘛！总听到大人们说我们这一代人是多么幸福，多么幸运。那是他们想当然的看法，我们这一代人的压力比他们的压力大多了。"郝教官的话引起了我的强烈共鸣。

"压力是相对的。如果压力来自内部，有内驱力与之匹配，那是好事，不是坏事。但是现在的很多压力是外来的、强加的，而且经常是突发的。孩子的内心毕竟不够强大，又没有做好思想准备，所以才会出问题。"郝教官忧心忡忡地说。

"是的。我们是弱势群体，很多东西我们无法控制。"我附和道。

虽然快 12 点了，我仍然很兴奋，整个晚上的活动画面在我的脑海里不断浮现，大家所讲的故事和他们讲话时的语音、语调都反复在我的耳畔回响。

从时间节点上，这是我们入营第 11 天，大家基本适应了营地生活，彼此也有了一定的了解。此外，大家对文洁老师、郝教官以及营地的训练内容的效果产生了一定的信任，对接下来的生活也抱有期待。从活动流程上，先是文艺晚会，让大家兴奋起来后，然后安排烛光、围坐和故事会环节。

当晚的故事会既是营地活动的重要一环，也是一个阶段性成果。文洁老师事先给各组助教都布置了任务，让他们将孩子们的故事整理成文字。因为这些资料很珍贵，需要及时与家长反馈，同时也是结营时家长课堂的基础性资料。

家长们在群里看到了一些照片，对当晚的活动也反映热烈，为孩子们在晚会上的表演点赞，同时打听故事会上孩子们都讲了些什么。文洁老师回复说："孩子们讲了他们成长的故事，也讲了家长们的故事，各位助教会单独与各位家长沟通和汇报。"

现在回过头来看，其实营地中所有的课程和活动在时间节点和流程上都有着精细的安排，只是当时我们都并不是很明白。

## ✿ 制作香包与积极心理

第 12 天上午，文洁老师组织大家一起玩了 3 场游戏，分别是"制作香包""未来时空"和"穿越火线"。这 3 个游戏有一个共同的主题："人生就是一场情绪管理的游戏"。说是游戏，实际上是寓教于乐。

说实在的，我对寓教于乐的游戏一向都不感兴趣，觉得这类游戏有些小儿科。在我看来，大道至简，再深刻的道理都可以用语言表达。有些道理三言两语就能说清楚，越是婆婆妈妈的，越容易让人费解，用游戏来讲道理纯粹是隔靴搔痒、拐弯抹角、磨磨叽叽，而且可能结果与所要表达的含义与道理并不匹配，似是而非。

事实证明，游戏教学法如果用得好，也不失为一种有效的教学手段。

第一个游戏是"制作香包"。游戏规则是这样的：事先发给每个孩子若干个纸条，每个孩子将自我评价分别写在每一个纸条上。自我评价内容不作任何限定，包括优点与缺点、特长与弱项、好习惯与坏习惯等。全部写完之后，助教给每个孩子发放一个小香包，让孩子们将好的、正面的、积极的自我评价挑出来，折叠好，放入香包，将那些不好的、负面的、消极的自我评价收集起来，一起扔进垃圾桶里。

在孩子们做游戏的过程中，文洁老师在黑板上写了如下几行字：

悦纳自我，激发潜能。

中医：扶正祛邪，固本培元。

诗人：阳光所到之处，阴影自动隐退。

农民：去除杂草的最好方法是多种庄稼。

孩子们很配合规则要求，每人手里握着一个香包，不时地拿到鼻子前闻一闻。这时，文洁老师扫视了一下课堂："调整坐姿，一二三！"

孩子们马上正襟危坐。文洁老师望着大家："谁能说说这个游戏的寓意是什么？"

话音刚落，孩子们纷纷举手抢答。

段云龙说："这个游戏是想告诉大家，要善于发现自己的亮点。每个人都有优点和缺点，不能总是拿别人的优点与自己的缺点比较。"

顾小丽说："香包代表记忆和提醒，相当于自我暗示。将正面的、积极的自我评价装到香包里，意思是时刻记住自己好的、有优势的方面。"

艾弥儿说："对，要将负面的、消极的自我评价遗忘、放下，如果你总是放不下，就等于总是在暗示自己不好、不行。"

文洁老师说："大家都说得很好，道理也很好懂。"文洁老师敲了敲黑板，说，"大家看看这几行字，我们大家一起大声地读一遍。"

文洁老师领着大家读完这几行字后，又做了一番解读："这几行字是什么意思呢？制作香包游戏暗含着一种自我肯定、自我悦纳，是发现自己的优点与特长，建立积极的自我意念，并使其不断地加以发扬光大的过程。星星之火，可以燎原；涓涓细流，可以滔天。我们不要总是被负面的自我评价所困，而是要不断增强自己的优势，驱散心里的阴影。只有不断扶持身体里的阳气与正气，才能驱除寒气与邪气，就像庄稼茂盛了，杂草无法生长一样。

"顾小丽同学说得很好，香包代表记忆和暗示，我们要不断提醒自己：'我是最棒的，我是最好的。'结果你会真的越来越好，越来越棒。我给大家推荐两本书，大家将来可以看一看，一本是《心理控制术》，作者是麦克斯威尔·马尔茨；另一本是《正能量》，作者是理查德·怀斯曼。

"麦克斯威尔·马尔茨是美国的一位著名的整容医生，曾给3000多位著名运动员、演员、职业经理人做过整容手术。他发现很多人整容后，外形和内心都发生了巨大的变化，害羞的人、不善交际的人变得活泼开朗了，被人耻笑为'笨小孩'的学生变成了聪明优秀的学生。

"但还有另外一种情况，那就是很多前来整容的人本来就很漂亮，根本没有整容的必要，但他们坚持认为自己很丑。在他们的坚持下，马尔茨医生给他们做了整容手术，整容后他们比以前更漂亮了，但他们仍然认为自己很丑。最后马尔茨对这些人进行了深入研究，他最后得出的结论是，每个人的内心深处都有一幅对自我认知的画像，这个自我意象一旦形成，会左右人们对自己一生的判断，从而影响人们的事业和家庭生活的成败。

"理查德·怀斯曼是英国的一位大学教授，他在《正能量》一书中也讲到了自我意象。他说自我意象如同电脑的 CPU，操纵着我们思维与行为举止的角度和方式，这种意象是日积月累建立起来的。只有形成积极的自我意象，才会拥有健康的、奋发向上的人生。这种积极的自我意象的秘密就储存在我们每个人今天制作的香包里。"

## ❀ 与"未来的我"面对面

接下来的游戏叫"未来时空"。所谓"未来时空"就是与其他人扮演的"未来的我"面对面。具体规则是这样的：每两个人一组。每个孩子根据自己目前的兴趣、意向、成绩和理想，虚构一份 20 年之后的"简历"，包括大致经历、职业与成就。写好后，将这份"简历"与同组另外一个孩子交换，然后，拿到别人"简历"的孩子开始扮演"简历"中的那个"未来的我"，与"简历"撰写者谈心，由"未来的我"为"当下的我"答疑解惑，主要是解答如何面对各种烦恼与心理困扰。

大家大概用了半个小时写完"简历"。然后文洁老师鼓励大家上台，把自己的"简历"念一念。孩子们蜂拥而上，全部奔上讲台。

艾弥儿这个患有抑郁症的女孩，经过刻苦学习、自我磨炼，

20年后竟然成了中央电视台一名著名主持人；顾小丽则如她所愿，成了一名心理学家；段云龙没成为他之前说的民宿试睡员或实景地图采集员，20年后他成了一名科学家；贾小虎成了一名著名作家；韩梦娜突破层层障碍，成为一名闻名中外的小提琴演奏家。

其他的孩子想法也都很大胆，有的成为跨国公司掌门人，有的当上了军官，有的成为影视明星，还有的成为宇航员。相比之下，我的简历比较另类，我成了一个家长学校的校长。

每个孩子说出20年后的自己时，其他孩子都给予一阵掌声，伴随着哄笑声。文洁老师见所有孩子都说出了梦想中的那个自己后，让孩子们下台，进入下一个环节：与"未来的我"面对面。

孩子们一哄而散，各就各位，教室顿时热闹起来。两人一组，正式开始这场别具一格的心理访谈。

就在孩子们访谈的过程中，文洁老师在黑板上又写下了几行字：

一切都在等待中存在与延续，
一切都在等待中生长和成熟，
一切等待都伴随着痛苦与哀伤，
一切等待都转换为智慧与能量，
一切等待都不会无缘无故。

孩子们的访谈很热烈，这显然是一个很受大家欢迎的游戏。一方有苦衷，有困惑，只想一吐为快，虽然并不指望从另一方获得实质性的帮助和指点，但毕竟可以听听别人的意见；另一方则被置于一个指点江山的位置，可以以过来人的身份苦口婆心地给予教导，这种为人师表的感觉还是挺新鲜、挺刺激的。

可是，访谈有时会变成另外一种样子，就是角色错位。"当下的我"对"未来的我"抱有不切实际的期待，结果大失所望，指责"未来的我"的指导意见是"站着说话不腰疼"，或"馊主意"；而"未来的我"也无法解决"当下的我"提出的问题，只能与"当下的我"站在一起，随声附和。说到最后，两人一起愁眉苦脸，不知如何是好。

文洁老师看时间差不多了，敲了敲黑板，让大家调整坐姿，然后指着黑板上的几行字，让大家跟她一起朗读一遍。

读完这几句话，文洁老师说："这里说的等待并不是什么都不做，而是包含着以下几层意思。一是接受现实、面对现实，二是学习、积累和进步，三是忍受痛苦与磨难，四是将痛苦与磨难转化为养料，也就是这里所说的智慧和能量。所以，最后一句才是'一切等待都不会无缘无故'。

"孟子说，'天将降大任于是人也，必先苦其心志，劳其筋骨，饿其体肤，空乏其身，行拂乱其所为，所以动心忍性，曾益其所不能'。老子说，'上善若水''柔弱胜刚强'。这些话，我想大家都知道，但话里蕴含的道理，大家未必能真正领会。现在的很多孩子太脆弱，神经没有韧性，稍稍遇到一些挫折或不顺心的事情，就离家出走，或者靠玩游戏来麻醉自己。这是意志薄弱、逃避现实的表现。

"同学们，人在一生中要经历很多坎坷才能成长、成熟，才能做出一番事业。我看所有的孩子都是有远大志向的，为了那个 20 年后的自己，我们现在需要等待和忍耐，多做精神瑜伽，让自己更坚韧。

"这个游戏之所以叫'未来时空'，是因为有时我们需要拉开时空的距离才能看清当下，才不至于被当下的所谓痛苦和烦恼纠缠。从未来看现在的这一刻，很多东西都会变得无足轻重。"

## ❀ 所谓障碍，有时是想象出来的

最后一个游戏叫"穿越火线"。这个游戏需要重新布置场地，我们将所有桌椅都撤掉，将地面清扫干净，郝教官拿来粗细不等、五颜六色的一堆绳子，然后招呼各位助教按照他的标准，将绳子乱七八糟、错落无序地布置在场地中间，有的挂在空中，有的横在地上。这些绳子代表红外感应线，也就是所谓的"火线"。

游戏的规则是六个组分别派两名代表，共 12 人，分成两队，一队是参赛者，另一队是观测者。参赛者需要戴上眼罩，观测者则在终点接应。观测者不能提示，否则取消参赛资格，而且所在小组还要被扣分。参赛者从一端出发，以最快速度到达另一端终点。一旦身体任何部位接触到"火线"，就代表闯关失败。参赛者事先选好各自的路线，记住各自路线上的各种"火线"，然后戴上眼罩。参赛者前进的姿势不限。

好玩的一幕出现了。就在参赛者戴上眼罩之后，郝教官一边跟参赛者继续讲解规则，一边指示助教快速将场上所有的绳子撤除。然后，郝教官一声令下，6 名参赛者开始在空空如也的场地中间"闯关"。

参赛者清一色的是男孩，观测者则全部由女孩担任。

"闯关"开始了，6个男孩奋勇当先，观测者在另一端大声喊加油。

只见6个男孩全体卧倒，或蹲或趴，小心翼翼地向前爬行，摸索前进。到了终点，参赛者取下眼罩，才发现所有的绳子早就撤了，所谓的"火线"根本就不存在！见此情景，6位参赛者大呼小叫，每个观测者笑得前仰后合，直捂肚子。

等大家笑闹够了，郝教官招呼大家将桌椅归位，恢复课堂秩序。这时，大家看到黑板上又有两行字：

正视困难，如同火光正视黑夜。

无视恐惧，如同春风无视冰雪。

文洁老师说："来，我们一起读一遍这两句话。"

文洁老师指了指黑板，领着孩子们读了一遍那两句话，然后说："这个游戏好玩吗？这个游戏告诉了我们什么，我就不多说了，留给大家思考。大家回去后每人写一篇观感，体裁和字数不限。黑板上的这两句话是我个人的观感，每个人应该都会有自己的心得。好了，今天上午的课就到这里，下午是周士渊老师的课，大家不要迟到。"

## ❀ 良好习惯是一盏神灯

周士渊老师是著名的演说家和习惯学创始人。他的经历充满传奇色彩，他小时在农村长大，20 世纪 70 年代入考清华大学，毕业后留校工作。但让人意想不到的是，这个令很多人羡慕的年轻人，曾因为抑郁症，在工作一年后试图自杀。

在无数善良人的关爱下，获得了第二次生命。

此后，他在清华大学校训——"自强不息，厚德载物"的激励下，顽强拼搏，艰辛探索，终于找到了一条能使人不断突破、不断超越、反败为胜的成功之道。凭借这条成功之道，他自己不仅从生命的废墟上重新崛起，还创造了一个又一个的奇迹。在这些奇迹的背后，起决定作用的是习惯。

周老师是 21 天好习惯播种营的倡导者之一。从这个训练营开办之日起，他就一直给予关注和支持。每年暑期，他都会在百忙之中抽出时间来营地参加开营典礼，还会为孩子们讲一次课。

当他走上讲台，孩子们全部起立，齐声说："周爷爷好！"周老师伸出双手向下挥动着，亲切地跟孩子们打招呼，让孩子们坐下。

上次开营时孩子们都见过周老师，这次近距离接触周老师，聆听他的教诲，感觉很亲切。他依然是一身干净利落的运动装，梳着整整齐齐的灰白头发，戴着一副儒雅的金边眼镜，气色红润。不了解内情的人，无论如何也想不到周老师已年近80，更不会把这位神采奕奕的老人和重度抑郁症联系在一起。

每次来营地跟孩子们讲习惯养成，周老师都会现身说法，毫不避讳地谈论过往那段因抑郁而死而复生、身心俱败的经历，谈他是如何发现习惯这盏"神灯"的。

周老师 25 岁清华毕业留校以后，刚过了一年多，就因为抑郁症决定离开这个世界。那个晚上，他三次上吊自杀没有成功之后，又把沙子往嘴里填，抓到一瓶液体就喝了下去，然后昏迷，后来被人送到北医三院抢救，医生一查才知道，他居然把 98% 的浓硫酸喝了进去，医院全力把他抢救了回来。

他再回到清华时，成了身心都出现问题的重病号，在25～35岁这人生的黄金10年，他在清华病休了，住院住了两三年，身上开了3刀，70%的胃被切除。

身体逐渐痊愈后，他开始重新思考生命的意义。20世纪90年代，周老师在书店看到一本风靡世界的畅销书——《世界上最伟大的推销员》，该书作者将"习惯"列为历史上只有寥寥无几的智者才能领悟的成功奥秘。

自从意识到习惯的力量，他便身体力行，从自身开始验证。同时，他坚持记录着关于习惯学的思考，坚持养成各种良好习惯，从里到外，从早到晚，从思维方式到为人处世。

3年多下来，从理论到实践，很多习惯都渗透到了他的血液里，他的变化越来越大，不光是身体越来越好，而且还成为著名的大众演说家和习惯养成教育专家，在全国各地党政机关、军队、高校、电视台做过近3000场报告，传播习惯养成教育理论和他自己的实践经验，引起巨大反响。

周老师说："习惯会影响人的命运，能使人生所有方面都发生近乎奇迹般的变化，我就是一个活生生的例子。大家都知道做事情和学习都贵在持之以恒。怎样才能做到呢？很简单，只要把它变成习惯，自然就能坚持。"

周老师还说："习惯在西方世界看来是一个智者的秘密，纵观我们中国五千年文化，也有众多关于习惯的论述。《论语》最有代表性，第一句就是'学而时习之，不亦说乎'，所有学的东西，不论是书本知识、技能，还是做人、做事的道理，都要时习之。《三字经》里面谈到'性相近，习相远'，性相近，差别不大，习相远，其中一点就是每个人的习惯相去甚远。

"一个人走出家庭，接触社会，给人的第一印象来自衣着和言谈举止，这些东西的背后都是习惯养成。对企业来说，如果每位员工都能养成严格按照企业的规章制度办事的习惯，是不是整个企业的目标、规划会更顺利地实现？对国家来说，大力进行的'反腐''反四风'不正是要纠正陋习、培养好作风、好习惯吗？与其说性格决定命运，还不如说习惯决定命运。既然习惯决定命运，那命运有很多方面，包括健康、学习、人际关系等。

　　"教育是什么？一句话，就是培养良好的习惯。教育家乌申斯基说：'良好的习惯乃是人在其神经系统中存放的道德资本，这个资本不断地增值，而人在其整个一生中享受着它的利息。'美国心理学之父威廉·詹姆斯说：'播下一个行动，收获一种习惯；播下一种习惯，收获一种性格；播下一种性格，收获一种命运。'

　　"可以说，教育的本质就是培养良好的习惯。学习是教育中的重要部分，学习无非分两个方面，学习态度和学习方法。所谓态度，就是认真还是不认真。就学习方法来说，学习方法再好，若成不了习惯，也是别人的，只有成了习惯，才是你的。关于学习，我希望大家能养成六个习惯，大家可以记一下。

　　"第一个是专心听讲。很多学习成绩好的学生听课时都是很专心的。专心读书特别占便宜，专心后上课都听懂了，作业很快就完成了，可支配的时间反而更多。该学学，该玩玩，反而非常轻松。

　　"第二个是提问。学问，学问，很多学问都是问出来的，因此善于提问要成为一个习惯，犹太人之所以聪明，就是因为他们善于提问。很多人看了《世界上最伟大的推销员》，但是没提问。我提问了，所以我找到了答案。我看《论语》

第一句是学而时习之,我又提问了,但一般人不问。

"第三个是认真。我们的智力差别一般来说并不是很大,认真与不认真,天差地别。读书也是一样,认真特别重要。

"第四个是准备一个错题本。要把错题记在一个本子上,这是很多清华北大高考状元书上提到的。记下自己犯的错就是记住自己的弱点,我们很多时候往往不知道自己的弱点。对自己的薄弱环节重点下功夫,既避免了题海战术,也节约了时间。

"第五个是善于用思维导图。人在脑子里的思维状态好像是一棵树,有根,有树干,有树枝,从树枝再分出来几个小杈,小杈上有几片叶子。我讲课从来不拿稿子,就是因为脑子里面有这个思维导图。

"第六个是巧于记忆。我们院里有个女士养了三条小狗,一个叫吉米,一个尤卡,一个安妮,我开始总记不住,后来我突然想到美国有个总统叫吉米·卡特,有本日记叫《安妮日记》,尤卡跟上海话"油条"的发音很像,就这样,我一下子都记住了。这样的方法重复用到一定程度,人就很客易记忆,下一次碰到时一定会联想记忆。因此我把这种记忆方法变成习惯以后,能够记住 300 个电话。我的实践证明,方法变成习惯才是你的,否则就是别人的。

"总之,习惯是一个大概念,涵盖思维方式和行为方式,贯穿在工作、学习、生活的所有方面。好习惯让人受益一生,坏习惯则会危害人的一生。"

周老师很忙,只给我们讲了两个小时,我们感到意犹未尽。他最后又留出 10 分钟让大家提问题,同学们提出的这些问题主要集中在习惯养成的方式、方法上。

周老师说:"首先要充分认识习惯的重要性。只有认识到位了，你才会有决心、有恒心，否则，你就会三天打鱼，两天晒网，最后半途而废。你可以制订计划，从易到难，日积月累，最后所有习惯就如每天早晨洗脸、刷牙一样自然，所有的良好习惯变成一种条件反射，你若不做，反而会觉得不舒服，不对劲。"

最后，周老师教给大家一个简单有效的习惯养成法，就是把习惯定时设置在手机闹钟里，他称之为"习惯闹钟"。你忘，它不会忘；你懒，它不会懒；你坚持不下来，它会坚持每天定时提醒你。

周老师讲完课，孩子们纷纷找他签名、合影。合影的时候，周老师对摄影师说："拍照前请问一句，'西瓜甜不甜？'，大家回答'甜'的时候拍下来，效果最好、最美。"

周老师跟大家解释，中国的每个汉字都是有来历，有讲究的，大家可以品味一下酸、甜、苦、辣、咸这几个字的发音口型，就会明白为什么我们拍照时喊"甜"的样子是最美的。

## ❀ 一种从没有过的力量被唤醒

接下来是专注力训练，就是通过类似瑜伽的冥想和禅宗的打坐，排除外界干扰，然后随着文洁老师的导引词，让我们的精神回归内心。这是一个仪式感极强的场景，大家的神情都庄严肃穆。

我们穿着白色练功衣，在草坪上分排打坐。冥想的音乐声响起，在空中和山间回荡。文洁老师的导引词舒缓、流畅、优美、庄严，文洁老师的导引词伴随着音乐声响起："亲爱的同学们，请闭上眼睛，以最舒服的姿势坐好，现在开始缓慢地吸气、呼气，在一呼一吸之间，感觉心跳的平缓、身体的安宁，缓慢地呼吸，去寻找呼吸的顺畅，静观身体的感受。

"深深地吸气，气息由鼻腔、胸腔沉入丹田，带进了新鲜的氧气，滋润着身体的每一个细胞；缓缓地呼气，带出了身体中所有的废气、浊气，让一切的烦恼远离我们。感觉有一滴露珠滴落在我们的眉心，顺着眉心落到我们的面颊，再从面颊流淌到我们的肩膀，顺着手臂滑过指尖，落入我们身下的净土，渐渐带走了我们一身的疲惫和生活的琐碎。

"接下来，放松面部肌肉，舒展紧皱的眉头，嘴角微微上扬。继续吸气，小腹微微隆起，呼气，小腹一点一点地内收，我们的身体越来越轻，越来越轻，仿佛化作了一朵白云，融进了蓝天。

"我们继续在空中自由地飘荡，温暖的阳光照射在我们云朵般的身体上，一种久违的祥和深入我们的心房。此刻远离了城市的喧嚣，放下了繁杂的思绪，在蓝天寻找那份宁静。感觉我们从阴影中回归到阳光地带，从牢笼里回归自然之中，像小鸟一样自由飞翔！

"我们将自己融入大地，融入空气，融入泥土和植物的气息之中，将宇宙间的能量引入我们的身体之中。无边无际的苍穹、太阳、月亮、星辰都在为我们输送热量、光与能量。

"用心聆听，宇宙的音乐越过田野、河流、山脉，将所有一切都连为一体。音乐所到之处，围墙在倒塌，坚冰在融化，草木在生长。

"跟随着音乐的导引，我们一路前行，经历幼稚和迷茫、失败与挫折，最终成熟起来，强大起来。播种什么，就会收获什么。我们不断积累能量，一步步突破自我，迎来新生。"

我们都正襟危坐。我感觉到有一种从没有过的力量正在被唤醒。

## ❀ 我的动物知识讲座很成功

当天晚上轮到我做动物知识讲座了。说真的，我还从来没有这么紧张过。

自从上次答应郝教官后，我就一直在用郝教官的电脑查相关资料，再加上自己多年积累的动物知识，做了个50多页的PPT。

当我走上讲台时，底下响起了热烈的掌声。我给大家鞠了躬，发现所有人都在看着我。虽然空调温度开得很低，但我还是不停出汗，浑身都湿透了。

这时郝教官走上讲台，递给我两张纸巾，我接过来擦了擦脸上的汗。

郝教官说了开场白："今天晚上，我们请雷霆同学给大家做一场动物知识讲座。雷霆同学从小就酷爱动物，养过的宠物多达几十种。在学校，老师和同学都称他'动物博士'。他今天讲座的题目是……"郝教官回头看了一眼投影仪，然后继续说，"'动物行为与人类行为相似性研究'，大家欢迎。"

又一阵掌声响起，我再次鞠躬，然后走到电脑前，打开PPT。

"今天这事是郝教官安排的。他说，我要是讲好了，他就请我吃烧烤。"我此言一出，孩子们哄笑一片。

"我一直挺喜欢小动物的，觉得它们比人可亲、可爱。"我开场的第一句话，又引来孩子们的一片笑声。

开场不错，我感觉已经没那么紧张了。

"我这个讲座的题目后面用了'研究'两个字，其实这根本算不上研究，但找不到更合适的词，就用上了'研究'。

"动物有很多地方跟人类相似，它们有喜怒哀乐、聪明才智、爱恨情仇，也有社交，会沟通和表达情绪。我对动物感兴趣就是从我发现它们与人类有共同点之后开始的。"

我边展示 PPT 上的动物图片边讲解："这个题目有点大，包含的内容很多，我现在说一些比较有意思的现象吧。

"动物在遇到对手时不仅会发出警告，还会以气势压倒对方，试图不战而'屈人之兵'，这个大家应该在电视上都见过。

"比如说狗熊，它在打斗前经常会站起身来，摆出身材高大、体强力壮的架势。大猩猩更是善于装腔作势，同时，还会暗中观察它的那些歇斯底里的动作是否产生了效果。这是不是与人类在打架前先秀秀肌肉、挥舞挥舞拳头差不多？

"苍鹭栖息于水中，一副超凡脱俗的神态。但其实它的眼睛一直在搜寻水下目标，一旦时机合适，它会突如其来地将嘴伸入水中，令猎物措手不及。这一点大家说像谁？"

孩子们七嘴八舌："像小偷。""像奸商。""像贪官。""像伪君子。"

"非洲热带森林里，有一种鸟，特别喜欢吃野蜂蜜、蜂蜡和野蜂幼虫。它一旦发现野蜂窝，便立即飞到人群那里报告。待人们穿戴好防护服、带上工具出发时，它又兴高采烈地飞在前面为人们引路。在帮人们找到蜂巢后，它便飞落在附近的树枝上隐蔽起来，以防被野蜂蜇伤。当人们取下蜂窝之后，它就会飞到人们的身旁，高声鸣叫不止，向人们索取报酬。"

孩子们哄笑："真聪明。""像汉奸！""卑鄙小人！"

"雄性极乐鸟为了炫耀自己的羽毛，常站在高高的树枝上，身子前倾，直到头朝下倒挂在那里。繁殖季节，雄鹤会在雌鹤面前展开歌喉，为对方唱出最动听的歌，亮出双翅跳最美的舞蹈。男孩子追求女孩子的时候是不是也是这样？"

段云龙说："一模一样！"

贾小虎说："向动物界的恋爱高手学习！"

高畅说："还学习呢，听着都费劲！"

"河马虽然身形庞大，它却没有对付敌人的有力武器，为了减少危险，它白天就泡在水里，晚上才敢爬上岸吃草，天一亮又回到水中。它表面上悠闲自得，其实心里是很虚的。像谁？"

我看见大家对了一下眼神，异口同声地大声说道："像雷霆！"

全场大笑。

讲座结束，全场响起热烈的掌声。

## ❀ 每个人的天赋是不一样的

我如释重负地关上电脑，心里有三分兴奋，三分放松，四分得意。

这时，文洁老师走上了讲台，问大家："大家感觉雷霆讲得怎么样啊？"

"很棒！""棒极了！""太精彩了！"孩子们七嘴八舌地表示了对我的肯定和赞美。

"我觉得他下了很大的功夫，尤其是角度找得好，而且他也很会组织材料。"顾小丽说。

"是的，讲得太好了！不光有知识性，还有趣味性！"

石子义附和道。

戴昕捂着脸说：“最后讲的河马，你们都说像雷霆，我怎么觉得像我啊！”

段云龙问：“你有那么胖吗？”

戴昕说：“除了我没那么胖，其他的都像，表面上很悠闲自得，其实内心很虚。”

文洁老师接过戴昕的话头，说：“我们都可以自我对照一下，看看我们像哪种动物。”

文洁老师接着说：“刚才大家都说雷霆的讲座弄得很好，除了他在这方面有比较丰富的知识和准备得很充分之外，还有一点很重要，大家说是什么？”

艾弥儿说：“兴趣！对于感兴趣的事情，人就能做得好。”

文洁老师点头肯定，说：“艾弥儿说得没错。兴趣是最好的老师，人有了兴趣，就会主动思考和研究，不用别人督促。再问大家一个问题，这个兴趣是怎么来的呢？跟什么有关？”

好几个孩子举手回答：“性格！”“遗传！”“看过的书。”“小时候所接受的教育！”

文洁老师说：“都有点关系，但主要是天赋。”

孩子们若有所思，课堂上安静下来。

文洁老师接着说：“兴趣不是与生俱来的，但天赋是。兴趣可能会随时间的流逝而改变，但天赋不会。比如说，段云龙曾经想做民宿试睡员或实景地图采集员，但今天上午他就改变想法，想当科学家了；雷霆对动物感兴趣，但他并没有说要做动物学家，而是想当一个家长学校的校长；还有贾小虎，虽然喜欢敲架子鼓，也的确敲得很好，但他不一定要当架子鼓手。

"现在流传很多种天赋测评体系，大家可以了解一下，但都仅供参考。自己的天赋，只有自己最清楚。知道天赋的关键是需要探测和开发，就像探测一座金矿一样。"

说到这里，文洁老师打开电脑，投影仪上显示出各种不同的天赋举例。

"天赋测评有多种手段和方法，但测评的项目大同小异，不外乎语言天赋、数理天赋、音乐天赋、潜能天赋、想象力天赋、创造力天赋、运动天赋、观察力天赋、人际交往天赋等几大项。大家可以从这些方面去思考和发现自己在哪些方面比别人强，比较突出。有些测评体系可以参考，但不一定百分之百准确。

"拿语言天赋来说，如果你在听、说、读、写等方面，能够顺利而高效地利用语言描述事件，表达思想并与人交流，那么你就可能具备成为作家、诗人、记者、翻译、编辑、演讲家、节目主持人和政治家的天赋。

"如果你对数字、分类、推论、归纳、计算和假设比较敏感，你可能具备成为科学家、数学家、侦探、律师、工程师、会计师、电脑工程师的天赋。

"如果你对音乐节奏、音调、音色和旋律很敏感，擅长通过作曲、演奏和歌唱等表达情感，那么你就可能具备成为作曲家、指挥家、歌唱家、演奏家、音乐评论家、乐器制造者和乐器调音师的天赋。

"如果你对线条、形状、结构、色彩和空间关系敏感，并可以通过平面图形和立体造型将它们表现出来，你有可能具备成为画家、雕塑家、建筑师、发明家、航海家、博物学家、军事战略家、飞行员、水手、室内装修人员和驾驶员的天赋。

"如果你在平衡、协调、敏捷、力量、速度、灵活性方面比较强，能够对外界或自身刺激快速做出反应，你就可能具备成为舞蹈家、演员、运动员、发明家、外科医生、赛车手、户外工作者的天赋。

"如果你能洞悉自己的个性，明白自己的感受，掌控自己的情绪，并能有效运用这种自我认知的能力，你可能具备成为哲学家、小说家、律师、思想家、心理学家的天赋。

"如果你对自己及他人情绪、感受、企图、目的，以及他人面部表情、声线、肢体语言比较敏感，你可能具备成为教师、律师、推销员、公关人员、谈话节目主持人、管理者和政治家的天赋。

"如果你对动植物及其分类比较敏感，你可能具备成为园丁、农业科技人员、自然生物科学家、生态学家、园艺设计师的天赋。

"每个人的天赋是不一样的，只是需要我们去发现和发掘。有时候，天赋并不一定表现得很明显，可能会隐藏得很深，需要某个机缘触碰到了天赋开关，你才能发现它。"

讲到这里，文洁老师停下来望着大家，发现不少人在快速做笔记，便提示道："我会把这个文件发给大家，也会发到家长群里，让家长们也了解一下。今天的课就讲到这里，现在由郝教官讲讲明天的活动安排。"

郝教官走上讲台，宣布："明天我们去圆明园搞财商训练——卖书！这是我们的传统节目。需要卖的书是周士渊老师的《人生可以美得如此意外》，上面有周老师的亲笔签名。大家卖书挣到的钱可以自由支配，想买什么都可以。但是营地不提供午餐，午餐费要靠你们卖书挣出来。看你们自己的本事了。"

孩子们面面相觑，说："够狠！""明天搞不好要饿肚子！"

第三章

转：先对症下药，后输送营养

## ✿ 平生第一次做买卖

周士渊老师的《人生可以美得如此意外》定价 30 元。每个孩子分到 5 本书，每本书的扉页都有周老师的亲笔签名，因此推销时可以卖得贵一些，孩子们可以自行定价，但不能低于原价。

这是营地的传统节目。48 个孩子都没有销售经验，更别说在圆明园这样的销售环境中售书了。所以这次任务对所有孩子都是一个巨大的挑战。

任务布置后，所有孩子回到宿舍后都积极备战：有的手不释卷地翻阅着《习惯学》一书；有的跑去找文洁老师和郝教官，了解更多关于周老师的细节和《人生可以美得如此意外》的创作背景；有的则分组实战演习，恶补推销术。

第二天清早，孩子们晨练后继续演练和准备。吃过早餐后，孩子们到操场集合，排队上大巴。

放眼望去，营地四周山林里淡淡的薄雾尚未散去，远远看去若有若无，柔柔的阳光洒在营地周围的山林间。近处山坡上芳草如茵，一簇簇野花沐浴着阳光。小鸟儿在枝头鸣叫，静谧的山林充满了勃勃生机。

有道是："早起的鸟儿有虫吃。"我们一行 48 个孩子也像一群早起的鸟儿一样，即将自己觅食去。

这次去圆明园卖书也提前给所有孩子发放了手机，以便于我们在卖书之余拍照。很久没碰手机的我们在拿到手机后，如同见到久别的亲人，一路上紧紧捧着手机，一刻也不撒手。

那天圆明园游人如织，主要是暑假里外地家长带着孩子来观光。我们分成六个组，文洁老师跟我们第一组同行，郝教官跟第二组同行，徐芳芳老师跟第三组一起，剩下三组分别由摄像、文案和营地医生等跟随。

入园后，大家朝不同方向散去。有的孩子一入园就开始四处拍照留念，似乎忘了自己来圆明园的任务。

在老师的组织和鼓励下，孩子们开始执行任务了。一进入实战，孩子之间的差别立现：有的孩子很快进入状态，拿着书四处走动，当起了"行商"；而另一些孩子则不敢走向游人，只是把书摆在地上，只当"坐商"，不起身，也不说话，一副"愿者上钩"的模样。

段云龙第一个开张。他走到一个带孩子的年轻妈妈跟前，说："阿姨好，我们在搞一个活动，向游人推荐一本讲如何养成好习惯的书。您有空吗？我给您讲讲。"

年轻妈妈拿起书翻看了一下，还给了段云龙，并没有要买的意思。段云龙连忙打开书包，从里面取出一瓶矿泉水，说："买书送水。"

年轻妈妈笑了笑，说："好吧，买一本，支持你们一下。"

贾小虎跟一位慈眉善目的老奶奶讲解："奶奶，您好，我向您推荐一本书，希望您能买一本。这是一本讲如何培养好习惯的书……"

老奶奶笑眯眯地听着，然后婉拒道："嗯，是的，小朋友，习惯的确很重要。不过，我太老了，所有习惯都已经养成了，你们年轻人要多养成好习惯。"

我也很快卖出去了第一本，客户是一位中学老师。我只是简单地跟他介绍了几句，他拿起书翻了翻就买了。卖出第一本后，我大受鼓舞，开始不断地向游人推销，又卖出了一本。

我一下子成了模范。在我的带动下，也有几个孩子从"坐商"变成了"行商"，开始结结巴巴地向游人推销起来。

## ❀ 卖书锻炼孩子们多方面的能力

在我们的活动日程中，到圆明园卖书被命名为"财商训练"。我觉得这个命名并不确切，因为它锻炼的是多方面的能力，如抗挫能力、语言表达能力和应变能力，同时也让我们体验挣钱的不易。所有设计都指向一个目标，那就是通过外力的推动与拉动，让我们勇敢地面对挑战，突破自我。

其实，这本书的卖点还是很多的，如习惯的重要性、养成习惯的诀窍和步骤、周士渊老师的亲身经历等，但卖书的关键还是需要我们大胆尝试，不怕失败。

在推销过程中遭遇挫折是难免的。有的孩子抗挫能力较强，不太在乎游人的态度和脸色；有的孩子就对游人的反应很敏感，在遇到冷脸和不耐烦时，会垂头丧气，情绪低落，有几个孩子都被说哭了。

跟戴昕一个组的高桥不到两个小时就卖出去了两本，戴昕非常羡慕，跑过去跟他商量，问他能不能把她的书一起卖，若书卖出去后，给她分一半钱就可以。高桥说不行，让她自己卖，气得戴昕责怪他不够意思。

顾小丽也想到了这一招儿，她拿着书，跑到同组的秦阳身边，说："你帮我卖吧，卖出去了，你拿大头儿，我拿小头儿，咋样？"

秦阳说："我才刚卖出去两本。你也试试吧，到时你真要是一本都没卖出去，中午饭，我请客怎么样？"

顾小丽不好意思地拿起书，走进人群。

高畅跟我一个组，我没想到他那么胆小。他看上去很紧张，拿书的手一直在颤抖。

文洁老师走到他身边，拍了拍他的肩膀，说："男子汉，勇敢点！你看女生都不怕呢。"

高畅犹犹豫豫地起身，手里拿着几本书，开始推销。经过几次被拒绝之后，终于卖出了一本。他喜形于色，开始活跃起来。

艾弥儿和戴昕属于最后一拨成交的。老师帮她们一起向游人推销，最后各自都成功地卖出了一本书。

活动结束后，也正好到了午餐时间。大家用自己卖书赚来的钱买了最便宜、最简单的午餐。很多孩子就只买一根玉米、一个烤地瓜或一根烤肠。他们用剩下的钱给老师买了冰激凌和饮料。

还有好几个孩子用自己挣来的钱给父母买了礼物：韩梦娜给爸妈一人买了一件 T 恤衫，贾小虎给妈妈买了生肖纪念品，戴昕给爸妈各买了一把扇子。

文洁老师问："这些都是给爸爸妈妈买的吧？是不是知道挣钱不容易了？"

一些孩子连连点头，另一些孩子沉默不语。

从圆明园出来，我们去了旁边的清华大学和北京大学的西门，由于实行了管制措施，我们都不能进入校园参观，但总算一睹这两所名校的风采，与名校合影留念，感觉也是不错的。

离开北京大学西门后，我们又走马观花地游览了一下我国现存规模最大、保存最完整的皇家园林——颐和园。

## ❀ 洗衣服与嬉闹

从颐和园回营地的路上，孩子们一直交流着在圆明园卖书的经过和心得，将拍下的照片和小视频发给爸爸、妈妈、老师和同学。

回到营地后，离晚餐还有一个多小时，文洁老师让大家稍作休息，然后集中到操场一起洗衣服。文洁老师说，夏天的衣服好洗，也容易干，洗完后集中晾晒，晚上熄灯前各自收回。

入营13天了，虽然我们的衣服都是自己洗，老师和助教们也都教过我们怎么洗，但有些孩子只是将脏衣服放在水里泡一泡，揉两下，就捞出来；有的孩子就是不洗，衣服发臭了还照样穿着。

那天特别热，所有孩子的衣服都湿透了。大家把脏衣服脱下来，放在盆子里，三三两两来到运动场。

文洁老师站在运动场中间，等我们都到齐了，她开始向我们讲解和示范洗衣服的要领：

"洗衣服是最基本的生活技能，大家一定要学会，而且要养成自己洗衣服的习惯，尤其是在夏天。千万不要从营地回去后，还依靠父母给你们洗衣服，那我们在营地就白待了。洗衣服很容易，我给大家讲一遍。

"首先是要整理衣物，把不同颜色的衣服分开，也要把内衣与外衣分开；然后接好水，如果在家里，注意白色及淡色衣物需要热水洗，有色及深色的需要较凉的水洗，以免掉色。

"然后加入适量的清洁剂或洗衣粉，一盆衣服加一两勺就可以了。要是用肥皂，得把衣服整个抹一遍，浸泡 10 ～ 15 分钟，然后开始搓揉。比较脏的地方，多搓揉几次。袜子和内衣裤都要分开，单独清洗。

"搓揉完成后开始冲洗，把脏水倒掉，再接一盆清水冲洗，至少冲洗 3 次，然后拧干。拧干时不要用力过猛，以免衣物变形。拧干之后晾晒，晾晒时注意，深色衣服要翻过来，避免阳光的炙烤，引起衣服褪色，特别是纯棉的衣服，若正面晒久了，肯定掉色；白色衣物不怕晒，不用翻。把衣服挂在衣架上晾晒，用夹子固定住，以免被风刮跑。就这些，记住了吗？"

"记住了！"我们齐声回答。

"好。是不是很简单啊？大家开始吧。"文洁老师说。

文洁老师说完，大家开始行动。艾弥儿拿着水管子，往大家的盆里灌水。大家按文洁老师讲解的要领操作，先接水，再把衣服按到水里，然后倒入洗衣粉，浸泡。顾小丽蹲下接水时裙子拖地沾水了，戴昕走过去帮她把裙子提起来。

一些孩子见水兴奋，往别人身上甩水。一开始只是用手捧着水，然后泼到别人脸上，后来变成拎起衣服往人家身上甩水。

秦阳把水甩到我的脖子里，把我的衣服弄湿了，我从艾弥儿手里抢过水管子追秦阳。秦阳见状，丢下衣服和盆子，狼狈逃窜。

大家换洗的衣服不多，不一会儿就洗完了。段云龙和顾小丽在运动场边上的两棵树之间拉起了一根绳子，大家将洗好的衣服晒在绳子上。随着衣服越挂越多，绳子不断下坠，最后，中间的衣服拖到了地上。

段云龙找来两根棍子，想做一个撑竿，放在衣绳中间将绳子支撑起来。顾小丽见状，截了几小段绳子，跟段云龙边比画边说："得系在两根棍子交叉的地方，这样撑竿才能固定。"

段云龙连忙点头，二人合作将撑竿做好。

蹲在一旁的戴昕偷偷瞟着他们俩，侧耳听着他们俩说话。

"你真的打算浪迹天涯，自己谋生？"顾小丽问段云龙。

"嗯，真的想过。"段云龙一脸严肃地回答。

"我也想过，但一直不敢。"顾小丽话里带有一些敬佩。

"我就想活出自我，不想像'犯人'一样活一辈子。"段云龙愤懑地说。

"我也烦我爸，烦透了！"顾小丽附和道。

"一起'越狱'！离开他们，越远越好。"段云龙笑道。

"行！同是天涯沦落人！"顾小丽也笑了。

## ❀ 戴昕想认文洁老师当干妈

吃晚餐的时候，戴昕打好饭菜后到处找文洁老师，但待她找到后，发现有好几个孩子跟文洁老师挤在一起，有的孩子是从别处搬来凳子，凑过来的。戴昕只好坐在旁边的桌子上，边吃边看着文洁老师和其他孩子说笑。

戴昕吃得很快，然后等着文洁老师吃完，她立马起身紧随其后。文洁老师感觉戴昕有话要说，就站住问她："有事？"

戴昕说："嗯。"

文洁老师和戴昕将空盘子放到收纳车上，一起走出餐厅，站在餐厅门口的路边。戴昕向文洁老师凑近，压低声音说："小文老师，有件事我必须得跟您说。段云龙和顾小丽准备一起私奔！"

文洁老师先是一惊，继而平静下来，问："怎么可能？你怎么知道的？"

戴昕神秘地说："他俩有意思，您没发现？今天中午洗衣服的时候他俩又在一起。我正好在旁边，听见他们一起商量浪迹天涯的事呢。"

文洁老师拍了拍戴昕的头顶，说："不会的。放心吧！"

戴昕半信半疑，问："确定？"

文洁老师微笑道："确定。"

戴昕听后心里踏实些了，但又欲言又止。

文洁老师本已准备离开，又扭过头，问道："咋了，还有事？"

戴昕一脸愁容地说："我想我爸妈了。"

文洁老师疼爱地说："再过几天就可以见着他们了。"

戴昕连忙点头，说："嗯。小文老师，我想认你当干妈，可以吗？"

文洁老师笑了，说："不行，我还没那么老吧。我还是喜欢你叫我小文姐姐。一会儿班主任要向大家反馈这几天来家长的意见，到时你好好听听你爸妈的留言吧。"

戴昕连连点头，说："嗯，好的，小文姐姐。"

## ✿ 和营地老师相比，我爸妈自愧不如

听说晚上要给大家反馈爸妈们的留言，孩子们还是挺感兴趣的。十几天不见，爸妈们会说些什么呢？

129

我知道所有孩子当时的心理状态都是一样的：好奇。大家并不指望爸妈能改变些什么。对于爸妈，我们都有一些固有的看法。他们可能会说一些感谢老师的话，会对活动内容发表一些夸张的评论，也会表达一些婆婆妈妈的思念与关心，无非就是这些。

孩子们坐好后，文洁老师开讲："上次晚会结束后，大家分享了自己的故事。今天我们听一听来自爸妈的心声吧。"

文洁老师向班主任示意了一下。班主任走到电脑前，找到名为"家长反馈"的PPT文件并点开，里面是家长们的留言。这些截屏可以分为三类，一类是悲情加煽情的，一类是轻松活泼的，还有一类是严肃认真的。先说说悲情加煽情类的，我爸的留言就属于这一类，有例为证。

"我们看到雷霆在改变，变得不那么暴躁了。一开始他还想退营，现在开始积极参加活动了，上课也认真听讲了，这一切都是我们完全没有想到的。雷霆这孩子本质上是不错的，是我们没有教育好。老师们辛苦了！太谢谢你们了！

"拜托老师们一定帮我们把雷霆教育好，我和他妈真的没那个能力和水平！我们每天都在看你们发的视频，对你们充满了信心。

"雷霆去你们营地的这些天里，我们一直在说，我们事业再成功，挣再多钱，也弥补不了孩子教育失败的缺憾！何况我们的事业已开始走下坡路了，如果孩子教育再失败，我们就全完了！"

这些是我爸的留言？我完全不敢相信自己的眼睛。我爸会说这些话？他那么高高在上的一个人，会承认对我的教育是失败的？他还挺在乎我，担心我？这些都是QQ截屏，不可能是老师们编的。接下来看我妈的留言：

"我们每天都盯着手机看营地的视频和照片，就等着看霆霆，只要看到了，就踏实了。所有的视频和照片，我们都收藏了，一有空就看，一天看好几次。

"老师们辛苦了！把霆霆送到你们那里，我们做对了。我这个妈妈没当好，是你们让我们看到了希望。我要多向文洁老师学习和请教，取经拜师，甘当小学生。"

## ❀ 艾弥儿妈妈对女儿的变化喜不自禁

再来看看段云龙妈妈的留言。

"自从云龙退学后，我们家就陷入一片黑暗，这件事对我们是一个毁灭性的打击。我和他爸都是名校毕业的，学习成绩上还说得过去。我们对云龙可能是管得严了一些，可是他怎么能退学呢？退学的结果是什么？将来会怎么样？我们都不敢想。求求你们好好跟他说说，让他继续回学校上学。

"我看云龙到你们营地后，情绪比在家好多了。他半年多的时间不到学校去上学，给他报补习班，他也不上，跟外界的联系都是在网上。这样下去，这孩子肯定毁了。我们已经没有办法了，只能把希望寄托在你们身上。

"你们这个营就21天吗？还有没有其他班？如果有，就让他接着上，让他尽量在营地多待一段时间，好吗？"

段云龙妈妈的留言偏悲情，艾弥儿妈妈的留言偏煽情。

"老师，您好！我在群里看到艾弥儿有笑脸了！这个孩子在家时从来就没笑过！到了你们那里怎么那么开心？你们是怎么做到的？我们全家人都为她高兴！我和她爸爸一遍遍地看她的视频，我是看一次哭一次。

"我每天都把营地的活动照片发给家里人。亲戚朋友都在问艾弥儿在哪里？怎么变得这么阳光了？以前在家里不见她有笑脸，还一直以为是她性格内向，学习压力大，也就没太在意，看来不是这样的。你们真是太伟大，太英明了！"

顾小丽爸爸的留言比较简短："我知道了小丽在营地的事情。我想明白了，很多问题都出在我身上！从今往后，我要多关心小丽，过去的事情就翻篇了。我要重新做人，好好做人。"

## ❋ "孩子的改变来自内在动力，而不是外在压力"

以下再列举几个家长留言，各有千秋。

贾小虎妈妈的留言："文洁老师，郝帅教官，我天天看你们发的视频，小虎变得听话了，变乖了，我好开心，好幸福，同事们都问我遇上什么好事了。我不知道你们是怎么做到的，我只想说一句，你们是我们的贵人、恩人！"

韩梦娜爸爸的留言："小文老师，郝帅教官，你们辛苦了，感谢你们打开了梦娜的心结。我和她妈妈这段时间也在检讨自己，知道问题出在我们身上。"

石子义妈妈的留言："小文老师，郝帅教官，说真的，当时把子义送到你们那里时，我心里是很不安的，怕你们管不住他。这个孩子惹的事太多了，我们对他已经不抱什么希望了，我们的方法就是打骂，后来打骂都不起作用了，送到你们那里也是死马当活马医。没想到，他在你们那里改变了，真的变了！知道守规矩了，也知道学习了。看到子义在训练营的变化，我最大的感受是，孩子的改变来自内在动力，而不是外在压力，提高学习成绩首先需要提高兴趣，找到方法，养成习惯，否则越逼越没用，可能还起反作用。"

戴昕妈妈的留言："这次是戴昕第一次离家这么远，这么久，我们好想她啊。以前我们很娇惯她，她衣来伸手，饭来张口。这次我和她爸下了狠心，想让她出去锻炼锻炼，但说真的，我真的不放心！但我看昕昕在你那里当上店长了，竟然会进货、卖货，还在圆明园卖书！你们真有办法！这些是我们想不到的！"

## ❀ 因激动而神采飞扬的家长们

我们再一起来看看几则轻松活泼的。

"我大早上又忍不住看了一遍昨天老师发的照片！真是百看不厌，赞叹不已。第一张是孩子们刷牙的照片。老师们好贴心，好细心，时刻为孩子着想啊！午饭后刷牙的习惯太好了！提醒孩子们爱护自己的牙齿，口腔保持干干净净，清清爽爽，看到大家的照片，我都被清爽到了。第二张照片是思维导图，我发现女儿的思维导图在清晰度和深度上又有进步！我也能感觉到女儿在展现自己用心付出作品时的满足、喜悦和自信啊！媛媛的笑容好美啊，让我感觉自己也是美美的。谢谢亲爱的女儿传递美好！第三张照片抓拍的是女儿跳绳，老师拍照技术挺牛啊！我看女儿快离地一米高啦！真酷！生命在于运动，看到女儿积极参与锻炼运动，我心里好踏实，好幸福。女儿专注的样子不知会赢得多少人赞叹的目光呢！这是正能量、阳光一样的影响！女儿真优秀！继续加油！第四张是女儿协助队友快速完成吹球，两个人无声默契！女儿帮到点子上啦！队友吃力时，女儿迅速找到正确的方法支持他，有眼力见儿，能量满满，爱心满满，智慧满满！新的一天开始啦，祝福我的女儿开心、喜悦，珍惜当下！好好感恩老师们的辛苦付出！好好感谢同学们的时刻陪伴！加油，队长！妈妈爱你。"

"贞贞宝贝，妈妈看到你开心的笑容、满满的正能量，积极参与课堂讨论，专注地上课，抓紧一切空余时间认真写作业……我看到的每一个瞬间都是你认真专注的样子，你真的很美！宝贝，你已突破了自己！妈妈真的很感动！妈妈知道你走的时候虽然没有说，但其实你已经做好了准备！你是带着目标和梦想去的！宝贝，妈妈看到了你为自己的梦想而努力的劲头！坚持住，妈妈每天也坚持学习，期待你回来当我的老师，我们共同成长！爱你！每次妈妈在群里看到你的照片时，都很欣慰。"

"老师，您好，看到秦阳上专注力训练课的图片和视频，简直太美了，那画面充满了诗情画意：迎着最后一丝残阳，背靠雄伟壮观的群山，面对静静的湖水，铺一席软垫，盘腿而坐，伴着轻柔的呼吸声，开始户外专注力训练之旅。飞鸟鸣林自然间，青山绿水灵性展。训练专注力，不怠慢身体，不负重心灵，不伪装精神，让脚步轻盈，让快乐常在，让灵感迸发！"

"佳妮，我的宝贝女儿，你能到这个训练营真是幸运和幸福啊！每天三餐这么丰盛！敬爱的老师们有这么多神奇的法宝和深切的爱！还有啊，你身边有这么多队友陪着你，大家一起成长！多好的氛围啊！女儿一定要开心，积极主动地跟上老师的步伐，好好听老师们的教导，把知识和思维方式掌握好，放在心里，这些是永不过期的！文洁老师说，伟大的人能够抓住当下，平庸的人总是沉浸在后悔当中！妈妈相信有气质、有底蕴的佳妮能抓住当下，不会辜负自己青春好时光，砥砺向前！加油！宝贝，妈妈爱你。"

"早上一起床，就看到铭铭宝贝带领全班同学大声朗读，看到你认真做的思维导图，我非常开心，你总是带给妈妈成长的惊喜，我为你感到骄傲自豪！昨天你在圆明园卖书和洗衣服的样子，妈妈都看到了，非常棒！儿子，加油，爱你。跟你说啊，你进步了，我也在进步中。昨晚你爸说他很喜欢你一岁左右坐在他身边的感觉。我立马顶回去：'孩子都快和你一样高了，你还在回忆小时候，赶紧走出舒适区吧！'说完我突然意识到，我的态度不好，声音太大。你知道我一直都是这样跟你爸说话的。我觉得这样不对，我应该温和一些，也要全心全意对你爸好，照顾好他，这样家庭才能和谐。"

"远航，妈妈的好儿子，听老师说你在演说方面和计算方面又有很大的进步，而且在写作上也取得了很好的成绩，妈妈听到这些消息真的很高兴，心里很感动。妈妈希望你在取得成绩的时候，常怀感恩之心，感恩老师们的辛苦教导，感谢小伙伴们的帮助，感恩所有在你成长的路上帮助过、指导过你的人。你取得成绩的同时，更要谦卑、努力，戒骄戒躁，不断进步，不断成长，加油，妈妈的好儿子，你是最棒的，妈妈爱你！"

"佳佳，那天听周士渊老师的课收获很大吧？我全部听完了，做了好几页笔记，尤其是最后他说的学习习惯的那几条。等你回来后，我们一起打卡，一起制定习惯养成目标，从生活、学习各个方面，都逐步地改掉自己的坏习惯。"

## ✿ 一位家长推荐的"自我激励导语"

家长留言中，还有一类属于严肃认真的。在对自己孩子的变化表示惊喜，对老师们的工作表示感谢之余，一些家长就青少年教育和亲子关系展开了讨论，发表了自己的见解。还有几位家长咨询如何在当地开展这项活动，以便让更多的孩子受益。

有一位家长从一本书上找到了一段文字，说可以作为孩子们的"自我激励导语"，便推荐给了文洁老师。文洁老师觉得不错，照单全收，原封不动地做了截屏，说是让班主任先向孩子们完整地展示一下，结营后再做一些删减或改编。班主任点开，共有十来个页面，的确有点长。截屏文字如下：

"原生质细胞渴望光，就向外发送这一思想推动力，眼睛由此而产生。鹿在原野觅食，身体构造随树叶高度而变化，一个个细胞构造出长长的脖子。爬行动物渴望在空中自由飞翔，便进化出了翅膀，成为鸟。树的生命力总能使树的汁液上升到顶端，使之率先接受阳光雨露。思想使生命的激情布满四肢、眼睛和脸庞。当阴暗溪谷中的植物竭尽全力向上生长，企图接近阳光的时候，我们能看到并感受到它的强烈渴望。

"专注一个方向，一连串奇思妙想接踵而至。你成为导演，成为将这些想法贯通的主线。你就是站在金字塔顶端的主宰。朋友会不请自来，环境会因适应你而改变。别人受你感染助你前进，与你并肩作战，伴你通向成功。

"那曾经的震颤与感动将成为永恒的记忆，就像一首难忘的歌曲不时在脑海里响起。当我们从有形到无形，从粗糙到精细，从低级到高级，我们便能将这种音乐导入我们的心智。围栏会倒塌，旧壳会脱落，翅膀会长出。

　　"按下一个按钮，或撬动一个杠杆，我们便可获取驾驭自然的能量。统治这些能量的力量就在我们心中。排除生命中无常的因素，代之以普遍的法则，生命将被新的光辉照耀，守旧的教条消亡解体。不管我们过去如何在黑暗中横冲直撞，曙光已经出现，新的机遇和起点将使你充满力量。心智通过神经系统来行使职能，就像演奏者通过钢琴表达情感一样。将一切与成功无关的信息排除摒弃，触角就会伸入苍天，为自己的计划与雄心找到动力。

　　"思想被赋予了躯体、呼吸和翅膀。我们召唤它，让它飞到地球最遥远的地方，一路留下它的祝福或者哀伤，就像它身后留下的一串串足迹。能量需要积累、储备。将荒唐、屈辱、伤害、痛苦冷冻在无意识的冷库里，勇气、诚实、善良、灵感、和谐的能量才能发扬光大。松开它们的翅膀，让它们自己去寻找方向，去攻克堡垒，化解冰河，开辟道路，播下种子。我们化身为运筹帷幄的将军，指挥由心智力量组成的铁军，攻无不克，战无不胜。

　　"音乐是音乐家生命的表达，诗歌是诗人生命的表达。天地运行的动力来自哪里？江河的动力来自哪里？动力看不见，摸不着，却实实在在地存在。硕果累累的伟人，成就的种子早年就已孕育。借助最先进的技术，贫瘠的土地也可以种出多姿多彩的花朵。

　　"生命是一个循序渐进的过程。你不知道你会经历什么，你在期望什么，正如你不知道什么时候能真正强大一样。你无法伪装成熟和强大，你的一切都会出卖你。不要相信和依赖顿悟，不要相信奇迹。通过练习和训练，不断积累能量，才能一步步突破。

"与太阳为伍，与太阳合一，你将无往而不胜。你喜欢光，就靠近它，走进它，与之融为一体。你喜欢花儿，就走近它，感受它的美丽和芳香，接受它的熏染。珍爱自己的亲人，从他们那里汲取美和生命之动力。随着能量的增长，视野的开阔，获取营养的能力也随之加强。

"生命永远在渴望、在成长，要求我们为其寻找新鲜的空气和养料，寻找新的方向。它不会停止探索的脚步，就像心脏不会停止跳动一样。生命渴望展现自身的美，发现自身的秘密，测试自身的能量与极限，渴望为存在找到理由和答案。当小鸡在蛋壳里感到不适，食物也消耗完了的时候，它就会啄破蛋壳。思想也一样：它天生喜新厌旧，惯于怀疑和破坏，推倒与重建。

"每个人都是一台独一无二的精密仪器。欲寻求自救之道，总会找到方向。最宝贵的财富在我们自身。如同流浪中的犹太人，流浪到哪里，便从哪里汲取智慧，从苦难中学会忍耐、克制、禁欲，获得生命的力量。

"黎明在黑夜的子宫里悄悄孕育，花朵从污泥中倔强地生长。人格在痛苦与欲望的深渊中崛起。精神上的丰收，始于灵魂的清醒。要以慈母般的宽容，爱惜自己的独立性。

"船没有生命，有生命的是船上的人。人生的意义不是哲学家发现的。空洞的呐喊、抽象的概念、形而上的思辨，让我们飘浮在空中和云中。让我们回到地面上来吧，体验泥土的温暖与厚重。让我们回归活色生香的原始感觉吧，向宇宙和他人开放自我，才是涅槃之道。

"软弱或坚强，幸与不幸，成功与失败都源于内心。若想健康，就得认识自我和自然，维持二者的平衡与和谐。通过振奋精神，加强信念，加快血液流动和新陈代谢。播种什么就会收获什么，心想事成。如同祈祷的作用一样，让愿望充满心灵，你真的会变好。这并非神力，神力来自你自己。"

## ❀ 一位家长建议学习《父母规》

还有一位家长直接邀请群里的各位家长读《父母规》，并鼓励说，知道不等于做到，重复一百天，每天读一遍，可将《父母规》内化于心。这本身就是养成习惯的一次实践，家长要率先垂范，给孩子们带个好头。

班主任也把《父母规》做成了 PPT 的形式，向大家展示了一下。说实在的，我觉得《父母规》真的不错。如果所有家长都能按《父母规》的要求做，那么，天下所有的孩子就都有盼头儿了。看看《父母规》怎么说的吧。

"从此刻起，我要多鼓励、赞美孩子，而不是批评、指责、埋怨孩子，因为我知道只有鼓励和赞美才能带给孩子自信和力量，批评、指责、埋怨只是在发泄我的情绪，伤害孩子的心灵。

"从此刻起，我要用行动去影响孩子，而不是用言语去说教孩子，因为我知道孩子的行为不是被教导而成，而是被影响和模仿而成。

"从此刻起，我要多聆听孩子的心声，而不是急于评判孩子，因为我知道聆听才是最好的沟通。

"从此刻起，我要无条件地去爱孩子本来的样子，而不是去爱我要求的样子，因为我知道那是我的自私和自我。

"从此刻起，我要学会蹲下来与孩子平等沟通，而不是居高临下地指使孩子，因为我知道强制打压只会激起孩子更强烈的叛逆和反抗。

"从此刻起，我要用心去陪伴孩子，而不是心不在焉地敷衍孩子，因为我知道只有真正的陪伴才能让孩子感受到爱的温暖。

"从此刻起，我要控制自己的情绪，和孩子一起安静和平地过好当下，因为我知道脾气和暴力只能代表我的无能和对孩子的伤害。

"从此刻起，我要积极主动地处理好与爱人的关系，创造一个和谐的家庭环境，绝不让夫妻矛盾影响和伤害到孩子，因为我知道只有夫妻关系和睦才是对孩子最大的爱。

"从此刻起，我要让孩子长成他要长成的样子，而不是我期待的样子，因为我知道孩子并不属于我，他只是经由我来到这个世界，去完成他自己的梦想和使命。

"从此刻起，我要多为孩子种善因，行善事，因为我知道种善因，方能结善果，积善之家必有余庆，积恶之家必有余殃。

"从此刻起，我要通过孩子的问题，找出我自己的问题，修正我自己，因为我知道孩子所有的问题，都是我的问题，我是一切的根源。

"从此刻起，我要成为孩子生命中最好的朋友、最亲密的伙伴、最慈爱的爸爸（妈妈）。"

家长的留言、反馈搞得比较晚，大家也很专注，都没有觉察到外面下起了小雨。等大家走出教室时，才发现路面上是湿的，树上和路边的草上有雨水。大家这才想起来下午洗的衣服还在运动场上，连忙去收。衣服算是白洗了。

## ❀ 青少年健康的五大问题

接下来几天，文洁老师对我们进行学习方法的强化训练，包括文章与诗词的记忆方法、思维导图的运用与实践、快速记英语单词的十大方法等。

作为学生，我们的主要任务还是学习，学习成绩好坏对我们影响很大，困扰我们的很多问题都与学习有直接关系。好的学习方法通过提升学习兴趣来提高学习效率和学习成绩，进而增强孩子们的自信心，化解矛盾，缓解压力。

根据营地训练计划，刚入营时主要是解决孩子们的各种排异反应，让大家心神先安定下来。随着各项训练的推进，孩子们的心结逐渐解开，心理状态改善，学习方法的学习会逐步深化。这时孩子们不仅学得快，而且可以做到举一反三，一通百通。

与学习方法同步进行的是身心健康方面的辅导与训练。接下来的几天里，除了学习方法训练之外，还穿插了几个讲座、游戏与竞技。讲座包括"青少年身体健康的五大问题及预防""青少年如何保持心理健康""艺术与人格"。此外，郝教官还专门搞了一场"健身与防身"的讲座，同时进行现场示范。

主讲老师在"青少年身体健康的五大问题及预防"的讲座中讲到，青少年五大健康问题是营养不良和肥胖、近视、龋齿、贫血、心理卫生。其中有很多是我们所不了解的。讲座中讲道：

"营养不良与肥胖同时并存。很多女生追求骨感，为了身材苗条而拼命节食，甚至吃减肥药，结果营养跟不上，影响发育。有的青少年偏食，挑食，吃零食过多，营养跟不上，头发会发黄，面色会发白，身体抵抗力差，容易生病，学习没有精力不说，对身高和发育都有很大的影响。

"相比之下，肥胖问题更普遍，也更严重。导到肥胖的主要原因是吃得太多，尤其是吃太多高热量和含糖量高的食物。肥胖对青少年的身心发展都有深远影响，导致成年后患高血压、冠心病、糖尿病、痛风、肿瘤疾病的风险将会大大增加。"

主讲老师说："目前我国大约 70% 的高中生都患有近视，初中生占比达 50%，现在就连小学生也有将近 20% 了。城市里青少年的近视率居高不下，农村也明显上升。"他告诫我们要保持正确坐姿，看书学习时光线要充足，不要过度用眼，多做眼保健操和课间操，平时可以吃一些富含维生素 A、能帮助消除眼睛疲劳的食物，如各种动物的肝脏、鱼肝油、奶类、蛋类、胡萝卜等。

主讲老师还说："我国中小学生龋齿和贫血问题严重，这是我以前从没有听说过的。所谓龋齿，就是烂牙，主要是不注意口腔卫生造成的。而贫血并不是因为缺乏食物，而与饮食习惯和营养缺乏有关。青少年之所以容易出现缺铁性贫血，主要是由于机体生长发育较快，对于铁的需求量比较大，一般可通过增加富含铁元素的饮食来补充，如瘦肉、血制品、动物肝脏、富含维生素 C 的水果等。但也有一部分孩子缺铁性贫血的程度偏重，常常见于喜欢素食的患者，这一部分患者可以通过口服补铁药物来补铁，如补铁口服液、硫酸亚铁、多糖铁复合物等。"

主讲老师最后在讲到心理卫生问题时说："目前中国的很多中小学生心理问题呈现两大特征，一是有的孩子比较内敛，过度害羞、胆子小，二是有的孩子则有暴力倾向、焦虑、抑郁等心理问题。"他预计，在今后一段时间，这些心理问题的发生率还将呈上升趋势。

我注意到，大家都听得非常认真，毕竟健康很重要。主讲老师讲到的五大问题的确在我们身上都存在。当主讲老师讲到某个具体问题时，那些身上存在这些问题的孩子，听得尤其认真。

当天晚上，文洁老师还结合这个讲座，让每个孩子查找自身的问题，提出改进措施，以加深理解和认识。

## ❀ 如何保持心理健康

在"青少年身体健康的五大问题及预防"的讲座后的第二天，是"青少年如何保持心理健康"的讲座，正好衔接上个讲座讲到的最后一个问题。心理健康讲座的主讲老师将讲座内容化繁为简，通俗易懂，还不时迸发出风趣幽默的火花。

他说，心理健康，是指在身体，智能以及情感上与他人的心理健康不相矛盾的范围内，将个人心境发展成最佳状态，核心是自知自爱。

主讲老师又说："我们需要多走出自我封闭的小屋，走出网络世界，到外面多接触人与事，不断更新已有认知，增长见识，同时展露自己的品质与才能，不要过多纠结自己的不足，不要放下曾经犯过的错误。

"一定要树立远大理想。理想是导航仪和指路明灯，人有了理想，就不会陷在现实的沼泽里出不来。有了理想，再加上实干，一步步落实，将来一定会有一个比较好的结果。既要仰望星空，也要脚踏实地。书本知识固然重要，但也要关注社会生活，磨炼自己适应社会的能力。

"最后，要尊重别人的人格。真诚地鼓励和赞美别人。一切成功都要靠自己的能力和努力来实现。唯有这样，我们才能活得坦然，活得丰富而充实。"

主讲老师讲完之后，与孩子们进行了互动，鼓励孩子们提问。孩子们提的问题涉及方方面面，而且都很具体，包括厌学了怎么办，如何缓解抑郁与焦虑，如何改善与爸妈之间的关系，爸妈感情不和怎么办，被朋友出卖怎么处理，遇到校园霸凌怎么办，中学生到底能不能谈恋爱，怎么看待中小学生追星、攀比、赶时髦等现象，怎样才能改正不良习惯等。

这些对于我们都是无解的问题，但到了主讲老师那里，都有比较合理的、令人满意的解答。讲座结束时，孩子们全体起立，会场上响起了经久不息的掌声。

## ❀ "美育既是审美教育，也是情操教育"

"艺术与人格"这个讲座也引起了孩子们的极大兴趣。讲座的题目有点高大上，但主讲老师说："不要一提艺术就好像是艺术家的事，其实艺术与我们每个人都休戚相关，是我们每个人每天都在接触、体验和感受的东西。"

主讲老师解释说："艺术是真善美的载体。人类社会对真善美的追求，对美好生活的向往，都需要表达和传递。怎么表达和传递呢？需要借助工具。音乐、舞蹈、绘画、诗歌、雕塑等艺术形式就是人们借以歌颂、传递真善美的工具。不管到什么时代，人类对真善美的追求不会变，所以艺术才有永恒的魅力。真善美是人类文明的结晶，也是代代相传的火种。我们应该加倍珍惜，首先要学会鉴别，然后才能懂得欣赏。

"每个人都有不同的性格特征，或开朗，或沉默，或活泼，或安静，或自信，或自卑，或坚韧，或脆弱。孩子都是天生的艺术家，有着对美的天生的感知能力。美育的意义在于保持孩子的天赋、灵性和悟性，让孩子拥有健全人格。

"美育是个大概念，美育不等于跳跳画画，不是简单的培训，也不仅是一种艺术欣赏的能力，是素质教育的有机组成部分。美育既是审美教育，也是情操教育。

"对孩子们来说，从小接触各种艺术形式非常有必要。虽然音乐、舞蹈、绘画、诗歌、雕塑都表现美、传达美，但给人带来的美感是不一样的。一个人对美的鉴赏力越强，对美的感觉就会越灵敏，内心世界也就会越丰富。审美能力对人生的意义在于提升人的人生境界，对其生活和实践有一种指引的作用。一个人有什么样的境界，就意味着他会过什么样的生活。由此可见，美育的首要目标是培养审美能力。

"如果缺乏审美眼光，孩子则无法拥有强大的生命力、竞争力。一所学校只有重视美育，培养出来的学生才会更有活力、创造力和进取精神，有更广阔的胸襟和眼界，有更健康的人格和高远的精神世界。现在流行一个顺口溜：德育不合格是危险品，智育不合格是次品，体育不合格是残品，美育不合格是低档品，劳动教育不合格可能成为一个废品。

"还有一种说法，德育解决不了的问题，用心理学找出路，心理学解决不了的问题到美育找出路。没有美育的教育是不完整的。美育要贯穿教育的全过程、全方面，贯穿人的一生。"

说实在的，这个讲座，我听着很费劲。讲座中使用的语言比较深究，不够通俗，主讲老师比较喜欢用术语，也许这是因为美育这个话题不好通俗化吧。与身体和心理健康，美育概念的确比较抽象，而我们接受的美育很少，审美能力较弱，自然很多东西一时理解不了。不过，我听明白了：一是美育对我们的身心非常重要；二是现在的很多的美育跑偏了，搞成灌输式、填鸭式、功利性的了，这就失去美与德合二为一的本义。

## ⚘ 郝教官教我们健身与防身

与"艺术与人格"的讲座比起来，郝教官主讲的"健身与防身"更直观，更好懂，也更实用。

虽然上个讲座提到艺术的影响体现在我们的一言一行中，但在我看来，艺术与人格都属于形而上的，至少对当时的我来说，听起来还是很"烧脑"的。健身与防身就不一样了，一切都是近在眼前的，看得见，摸得着，加之郝教官的动作示范，好理解，易学习。

郝教官从他当特种兵时的训练科目中，挑选了一些适合青少年特点的训练项目，讲解了要领与注意事项，并做了演示。

他讲到的科目包括侧拉大腿、俯卧撑、单腿深蹲、后翻提腿、展腹跳、盘坐团身、高抬腿跳、仰卧起坐、击打沙袋、障碍穿越、各种拳法的综合格斗训练及拳腿组合。在讲到拳法与格斗时，他介绍了几种简单的防身术，这些防身术尤其适用于女生。

他还讲解了一些关于逃生与自救的常识，如火灾逃生、识别安全标识、正确使用灭火器、止血、包扎、骨折固定、伤员运送等。

最后，他还组织大家练习中华武术的一些基本动作。他说接下来几天，大家要一起排练一场《武林风》的武术表演，在结营时向家长们汇报演出。

## ❀ 孩子们都发生了明显变化

经过两周的训练，孩子们的状态有了非常明显的改善，所有孩子都积极融入集体，投入训练之中。

营里的训练有张有弛，动静结合。根据知行合一的理念，理论与实践交叉进行，严肃与轻松有机结合。请到营地做讲座的专家，都事先跟营地里的老师和教官等人沟通过，有的是训练营的合作伙伴，他们在做讲座时都必须用孩子们听得懂的语言，深入浅出，尽可能地生动、活泼、有趣。

但即使做了这些安排，也有很多东西，孩子们会一时消化不了，需要日后总结整理，方可理解吸收。所以，教育是件慢工出细活、润物细无声的事情，不仅教育方法要对，还需要程序合理，不能超前，更不能滞后，需要时机、场合和方式的统一。有时候孩子们出现的顿悟和突变，也是需要有大量铺垫的。

有些改变可以从表情、声音、坐姿、走路时的步伐、参加集体活动时的态度中看到和感受到。但改变不一定都会写在脸上，而是发生在内心深处，如春风吹拂下的冰河。有些改变是滞后的，却可能更为深刻和彻底。

从楼长的角度观察，我明显感受到的变化之一是，大家在遵守作息时间方面做得更好了，集体活动时行动更为迅速，步调更为一致了。

每天起床号响起，孩子们都会迅速起床、洗漱，齐刷刷地排队、晨练、朗诵自我激励导语、叠被子、归置宿舍物品，早餐之后迅速进入上课状态，一切严整有序，井井有条。

"自我激励导语"几天一换，不断更新，紧跟训练科目和孩子们的精神状态：

"日出东方，带来生命与希望。
大地因之明亮，万物因之生长。
她给我们的身体补充新的能量，
她为我们的精神增加新的营养。
她驱散黑暗，赶走寒冷和恐惧，
在我的身体里流动。
她与我同在，不离不弃，
引领我挺胸抬头，扶正我的腰杆与脊梁！
她是我的梦想之源、精神食粮！
她引导我，塑造我，提升我生命的质量，
在她的照耀下我将百炼成钢！"

如同一首交响曲的起承转合，孩子们朗诵"自我激励导语"的声调也随着文字内容的变化而越来越激昂。

## ⚙ 文洁老师病了

有一天，我们晨练结束后听郝教官说，文洁老师病了。孩子们连早餐都不吃，就立马涌进文洁老师的宿舍。几个女孩进去了，男孩们站在楼道里等消息。

大家这才得知文洁老师有严重的颈椎病，一患病就头晕恶心，别说走路，连起床都不行。

颈椎病是一种常见病，很多孩子自己都有。听说文洁老师得的是颈椎病，他们便纷纷给文洁老师支招儿。文洁老师当时的情况比较严重，没有力气与孩子们过多交流，她只是说没事，她这是老毛病，休息一下就好了。班主任让大家先去吃早餐，吃完后再来。

孩子们匆匆吃完早餐，又立即跑来看望文洁老师。戴昕率先进屋，坐在床头问候文洁老师，其他孩子也都很关心地问候着。

孩子们不约而同地从口袋里往外掏东西，有鸡蛋、水果、包子，这些都是他们吃早餐时从食堂带回来的。光鸡蛋就有20来个，有好几个都已被挤瘪了。

## ⚙ 真人 CS 中我用上了郝教官的特种兵战术

文洁老师不能上课，改由郝教官领着大家到营地后面的山上玩真人 CS（《Counter-Strike》）。大家一听都非常兴奋，尤其是男孩。有的孩子曾经玩过，直呼过瘾。没玩过的也都想一试身手。

大家领了激光枪，跟着郝教官来到后山坡上。那里的地形和地势很适合玩真人CS。郝教官将我们分成红蓝两队，每队选出一个队长，我被推举为红队队长，蓝队队长为顾小丽。

由于地形和战术需要，两队都需要将队员分成几个小组，分别担任侦察、突击、掩护任务，并选出小组长。大家迅速地建立起默契感、团队激情和凝聚力，进入真人CS战斗状态。

在正式开始前，我对队员们进行了战前动员。我说："我们目前的战斗属于'丛林战'，主要是做好伏击与反伏击、搜索与反搜索。但由于山坡植被茂密，有利于潜伏与隐藏，所以掩护自己和侦察'敌方'尤为重要。在丛林中移动时，可利用风吹树枝的声音来掩护自己的脚步声。由于在丛林里，观察能力受到影响，所以每次战斗开始前，大家要保持好队形，听从指挥。队形很重要，但配合更重要。好的队形不但可以让队员之间进行良好的联络与掩护，还可以在遭到敌人伏击时，在最短的时间内对'敌人'做出反击。"

我要求"战士们"没有十足的把握就不要开枪，因为我们手中的武器并不是真枪，它无法穿过密集的树林，所以一定要把握好射击的时机。射击时要尽量使用短点射，不用或少用长连射，以免暴露目标。

"出现的目标太多，一定要先消灭威胁较大的目标。在作战中可使用大迂回、大包抄的战术，尽可能不与'敌人'硬拼，多袭扰'敌人'的两翼和侧后。"

我们手持激光枪，按不同方向消失在树林中，按规则进入"实战"状态。我还从来没有带过这么多"兵"。此前郝教官给我讲的特种兵执行任务时的要领都被我活学活用到了极致——隐藏、埋伏、射击、前进、后退、包抄、迂回。所有战术我都用上了，口令也很专业，大家都信服我。

这场真人 CS 以红方大胜而结束。蓝队队长顾小丽完全没有经验，几个男参谋乱出主意，顾小丽又优柔寡断，致使整个队伍分工不明，组织不力，指挥混乱，被红队打得伤亡惨重，溃不成军。而红队则在我的指挥下有板有眼，令行禁止，密切配合，大家越战越勇，3 局全胜。

回到营地后，郝教官进行了总结，对红队进行了表扬和嘉奖，同时指出了蓝队的主要问题是组织和配合。他说大家稍作休息，再搞一场比赛，这次是气球传递赛。还按真人 CS 红蓝两队的建制来划分，队长和队员还是原班人马。

按照规则，每人嘴里含一根气管，只能用气管顶球，每队 10 个气球，10 分钟内传递到终点的气球多者为胜，一共 3 局。在传递过程中，用手触摸气球和气球落地者，都需要回到起点，重新开始。

## ❀ 治颈椎病良方——以头部为笔书写"米"字

"败军之将"顾小丽及其部下输得很不服气，在郝教官点评后，内部又互相指责，他们一听要搞气球传递赛，纷纷表示要"一雪前耻"。这次他们吸取了教训，做足了准备，商量好了对策，进行了周密的组织和分工。

蓝队商量出来的对策包括：要用牙齿紧紧地咬住吸管，并保持吸管向上向前的斜角，2 ～ 3 人负责一个气球，个子高的在前面，个子矮的在后面，做好配合，每次传递都不要用力太猛，也不要顶得太高，以节省时间，每次传递都要考虑到方便队友的下一次传递。

失败乃成功之母，功夫不负有心人，3 局下来，顾小丽队全胜。两场对抗赛一胜一负。无论胜败，大家都体会到了团队协作的重要性和在一起的快乐。

两场对抗赛之后，郝教官结合文洁老师的颈椎病，给大家讲解了颈椎病的患病机理、原因、预防及护理。

他说："颈椎病目前高发，越来越年轻化，在中小学生中间都已经成为常见病。这个病一旦患上，很难根治，最重要的是预防，正确的坐姿是最重要的，其次是要注意劳逸结合，经常做颈肩保健操，多活动胳膊，带动颈肩。如果已经确诊为颈椎病，更得注意活动，不要盲目吃药、按摩和牵引。"

郝教官最后教给大家一个治疗颈椎病的方法，那就是以头部为笔，书写"米"字。每天坚持2～3次，一次写20个"米"字。如果嫌麻烦，还有一种更简便的方法，那就是前后左右晃动脑袋，拉抻颈部肌肉。但一定要掌握好幅度、力度与速度，以不头晕、不疼痛为宜。一开始会酸胀难受，坚持下去，养成习惯后，情况会逐渐改善。

## ⊛ 孩子们卸下负担，不再伪装

无论是训练之中，还是训练之余，孩子们都一改刚来营地时的形神懒散，漫不经心，恢复了孩子气。外表冷漠孤僻的孩子变得可亲可爱，满脸厌倦与轻蔑的孩子表情变得谦和起来。

孩子们的天性是天真活泼的。如果能从一个孩子身上看到这种天真活泼，那说明这个孩子心理状态良好，反之则可以判断这个孩子要么压力太大，要么受过较深的伤害。如果一个孩子从沉郁压抑状态，回归到了天真与活泼，说明这个孩子已经卸下负担，经历了一次蜕变。

孩子毕竟是孩子，不遮不掩，喜怒哀乐都写在脸上，这样孩子们之间自然免不了会闹一些小矛盾。他们身上原先存在的那些问题，也并不说一下子就烟消云散了，只是不那么突出和严重，在闹情绪使性子时，事前有所收敛，事后也会有所反省。

有一次午餐在盛饭时，高桥站在秦阳前面。高桥想要多一点糖醋里脊，但因为每个孩子都只有一份糖醋里脊，所以负责盛饭的阿姨坚持一人一份的标准，没有多给高桥多盛糖醋里脊。高桥站在糖醋里脊的前面不走，继续纠缠负责盛饭的阿姨。秦阳见到此场景，便推了推他。"我还没盛好饭呢！推什么推。"高桥爆发，怒吼声响彻整个餐厅。在大家的注视下，高桥愤怒地快步走出餐厅。但他很快意识到自己不对，不到五分钟便重返餐厅，向秦阳诚恳地道歉。

有一天在专注力训练课上，我还没有进入状态，发现顾小丽在冥想时的表情似笑非笑，我看见后忍俊不禁。其他人听见我的笑声后都睁开眼睛，对我怒目而视。文洁老师质问我是怎么回事，我说是自己想起了一个可笑的事，随后赶紧立马收住笑声，进入"入定"状态。我自知有愧，下课后当即向文洁老师认了错。

晨练时，有一个单腿站立的动作。有一次段云龙站立不稳，用手扶腿，呈"斗鸡"姿势，遭到贾小虎的嘲笑。段云龙直接就与贾小虎展开"斗鸡"大战！贾小虎仓促应战，几个回合后，就被断云龙"斗"倒在地，惹得其他孩子哈哈大笑。转眼间，其他的孩子们，全部加入"斗鸡"混战。郝教官见状，索性当起了裁判。

宋佳妮与黄媛媛因为一根笔芯的归属问题吵了起来。争执过程中，黄媛媛将笔芯拔开，甩了宋佳妮一脸墨水，有些墨水还被甩进了宋佳妮的嘴里。宋佳妮很生气，便接了一杯凉水泼向黄媛媛。结果，她们都被文洁老师扣了分。事后文洁老师分别找她们俩谈话，黄媛媛和宋佳妮都作做了自我检讨，后来她们还成了好朋友。

戴昕与顾小丽的友谊进一步加深。她们都活泼好动，将宿舍当成了"解放区"，午休时间不睡觉，依然坐在宿舍床上聊天。有时两人甚至把她们的床拼在一起，在床上跳来跳去，仿佛那样跳起来才痛快。艾弥儿的睡眠质量不好，在她们制造出来的响声中无法入睡，就跟我这个楼长报告了。因为我没有对文洁老师和郝教官说，只给了戴昕和顾小丽口头警告，所以她们就没有被扣分。她们对我十分感激，从此"改邪归正"，再也没有做出影响艾弥儿休息的事情。

## ❀ 好孩子之间的较量

江晓婷和张雅丽都是好孩子的代表。江晓婷是学习班长，张雅丽是纪律班长。她们一直是竞争对手，也有点小矛盾。有一次，文洁老师在讲记忆力课程时，问江晓婷会不会背诵古诗《琵琶行》，江晓婷说不会，由于想多挣积分，张雅丽就说她来背，然后背得很流利。张雅丽当场讽刺江晓婷道："你还学习班长呢，连《琵琶行》都不会背！"

江晓婷反唇相讥道："这首诗是高中才学的。我才上初三，没学呢，当然不会了。你上个高中就了不起了？咱们走着瞧！"

后来，营地搞了一次辩论赛，题目是《顺境还是逆境对人的成长有利？》。张雅丽是正方一辩，作为反方一辩的江晓婷思维缜密，口齿清晰，沉着冷静，说话有感染力，最终赢得了比赛。后来，二人化解了矛盾，私底下成了最好的朋友。

商店和银行营业情况良好。商店生意兴隆，每天都有新货上架，除了饼干、掌心脆、山楂片、花生豆、酸奶、小麻花、薯片、海苔、果干，还有各类新鲜水果。

有的孩子比较贪吃，提前把钱花光了，第二天吃饭的钱都不够。有的孩子天天在银行前徘徊，想花钱又舍不得，犹犹豫豫，下不了决心。

刚开始时，图书馆的生意一直清淡，很少有人问津，不管轮到谁当馆长，都很清闲，也很失落，后来情况有所改善，来租书的孩子越来越多。

## ✿ 顾小丽爸爸突发脑出血

入营第 16 天清晨，顾小丽的后妈突然给文洁老师打来电话说，顾小丽爸爸突发脑出血，让顾小丽赶紧回家。顾小丽爸爸现在在医院重症监护室，出血量大，导致重度昏迷，医生说由于血压太高，暂时不能做开颅手术，怕血止不住。

文洁老师将这个消息告诉顾小丽后，她整个人立马傻了，像木桩一样站着，身体开始颤抖。她并没有哭，只是腿一软，蹲在地上，双手紧紧捂住脸。

文洁老师也蹲下，轻声说道："把身份证找出来给我，我先帮你订上火车票，你抓紧回宿舍收拾东西。人暂时没事，先别急，抓紧回去。"

正在晨练的孩子们都围了过来，得知顾小丽爸爸得了脑出血，大家都很难过。顾小丽回宿舍后，戴昕说："我们一起给她捐点钱吧，虽然他们家可能也不缺我们这点钱，但她爸爸一直不去工作，估计手头上也不宽裕。"

顾小丽要走，所有人都没有心思晨练了，跟郝教官说要一起送送顾小丽。郝教官同意了。我们一起涌向顾小丽的房间。几个女孩进屋帮小丽整理行李，其他人站在楼道里等候。

顾小丽拎着行李出来，所有孩子都紧随其后，一直把她送到车上。孩子们都叮咛顾小丽要保重身体，注意安全，到家后及时反馈她爸爸的病情。顾小丽含泪离去。

从那一天起，结营就进入了倒计时。

除了正常训练和上课，晚上及课间休息时间，大家都在排练节目，准备在结营时给家长、领导和嘉宾进行汇报演出。

顾小丽突然提前回家，加上结营节目排练，让大家一下子有了一种离别的伤感。大家对营地和老师们已产生了一种依恋，彼此间也都有了情谊与默契。

这种依恋、这种情谊与默契是奇特的，是我们以前的人生经历里从来没有过的。

## ⚽ 参观钱学森和郭永怀办公室

第 17 天上午是两场参观活动。我们先去了位于中关村的中科院力学所，随后参观了香山脚下的中科院植物所。

中科院力学所是大名鼎鼎的"两弹一星"元勋钱学森、郭永怀工作过的地方。看到草坪上钱老和郭老的塑像，大家纷纷前去摄影留念。在力学所工作的韩老师是我们当天参观活动的讲解员。她从塑像那里开始讲解，然后领我们参观了钱老和郭老生前在力学所工作时的办公室。

讲解员韩老师介绍说："中科院力学所创建于一九五六年。钱学森、钱伟长为第一任正、副所长，郭永怀副所长曾长期主持中国科学院力学研究所的工作。在他们的带领下，力学所在"两弹一星"等国家重大科技工程中发挥了举足轻重的作用。"

钱学森、郭永怀的办公室十分简朴。我们在那里看到了他们曾经的工作照片、科研笔记、手稿、书籍等一系列实物，聆听了两位先生的卓越事迹，最后观看了郭永怀先生的纪录片，重温了郭永怀先生的大师情怀。

韩老师介绍："在钱学森、郭永怀等老一辈科学家的带领下，中国科技事业取得了快速发展：研制出了两弹一星，摆脱了'核讹诈'；开辟'工程控制论'，推动系统科学，奠定了我国自主航天体系基础；导弹技术独步全球；建立空间站；登上月球和火星。"

韩老师说："作为新时代的接班人和民族复兴大业的后来者，我们要继承和发扬钱学森、郭永怀等老一辈科学家顾全大局、忠诚于党的政治品格，报效祖国、献身科研的爱国情怀，求真务实、严肃认真的科学精神，艰苦奋斗、淡泊名利的高尚品德。"

韩老师还说："当今世界风云变幻，科技工作进入了深水区，西方国家仍在封锁，然而我们的信心已经充分强大，很多领域我国已走在了世界前列。如今与西方国家的差距往往不再是有和无，而是多和少、优和精，要缩短和消弭这些差距，一方面需要基础科学的突破，另一方面更需要对系统科学和多学科融合的深刻认知。"

接下来，我们走进力学所实验室，体验了"旋涡岩石""磁悬浮"等神奇的力学现象，弄清了其中的力学原理。在工作人员的指导下，我们动手做了一些简单的试验，如"单项自锁""前仰后翻""巧扎气球""乒乓球投篮"等。

有一个精致的模型叫作"蛇形摆"，特别好玩儿。蛇形摆由支架、摆球等组成，每个小球的摆线长度不一样，因此每次摆动周期也不一样，随着摆动次数的增加，一排整齐的小球就变成了动态的蛇形摆。

力学所的书架上摆放着很多关于力学的书，可以随时翻阅。这些书一点也不枯燥，书中描述的力学知识生动又形象，大到各类自然现象，小到我们做饭用的厨具，原来都离不开力学。

最后，我们还在礼堂内，听取了张家春院士题为"力学的魅力"的科普报告，从力学前辈讲到当代青年所处时代，再到力学发展历程，让我们真切地感受到了力学带来的巨大影响及魅力。

## ❀ 见识各种有趣的植物

中科院植物研究所位于香山脚下。这是一片闹市中的净土，环境清雅安静，空气清新，满目都是花草树木。

所内的植物园建有树木园、宿根花卉园、木兰园、牡丹园、月季园、裸子植物区、环保植物区、水生和藤本植物区、稀有濒危植物区、紫薇园等10余个专类植物展区和一个热带亚热带植物展览温室。

科普组杨永刚老师接待了我们，他是我们的讲解员。杨老师在植物所工作多年，对植物园里的一草一木都非常了解。

他了解孩子们好奇心强和求知欲旺盛的特点，讲解时旁征博引，生动有趣，令我们大开眼界，让那些我们以前没有见过的花草更有魅力，同时让那些平常在我们眼里平淡无奇的植物大放异彩。

杨老师首先带领大家参观的是月季园，他说月季素有"花中皇后"之称。关于月季，大家最感兴趣的就是它和玫瑰的区别了。杨老师解释月季和玫瑰均为蔷薇科蔷薇属植物，但两者最主要的区别在叶片的数量上，月季一般由 5 枚小叶组成羽状复叶，叶子大；而玫瑰则由 7～9 枚小叶组成羽状复叶，叶子小。月季的叶子光滑，有光泽；而玫瑰的叶子则老皱，无光泽。目前市面上花店销售的所谓"玫瑰"，绝大多数是月季品种。

杨老师还向大家讲解了区分牡丹和芍药、莲花和睡莲等方法。尤其是莲花和睡莲的区别，可谓是"一字之差，天壤之别"。"莲花属于莲科，莲属，其成叶会挺出水面，而睡莲属于睡莲科，睡莲属，成叶则不会挺出水面。"杨老师讲道。

大家接着参观了热带、亚热带植物展览温室，里面有许多从世界各地移植而来的稀有植物。当大家路过一棵挂着保护树种标牌的乔木时，杨老师对大家说道："这叫'绒毛皂荚'，已处于濒危状况，目前全世界仅存十棵。"

温室里的每棵植物都有自己的故事，杨老师站在一棵菩提树前介绍道："这棵菩提是 20 世纪 50 年代印度总理尼赫鲁赠给毛泽东主席和周恩来总理的国礼，是从当年释迦牟尼佛祖醍醐灌顶的那株母树上取枝扦插而成，后交予植物园养护。"

在仙人掌和多肉植物室中，大家仿佛漫步于热带地区，面对种类繁多、大小各异的仙人掌、仙人球等沙生植物，大家不禁赞叹称奇。

大家还趁机向杨老师讨教起了仙人球、仙人掌这类"懒人植物"的养护之道，诸如"仙人掌应多久浇一次水""仙人掌能不能防辐射"等。杨老师说："对于此类植物，一般在土快干的时候方可浇水，但七月份最好不要浇水。而仙人掌能防辐射的说法则是没有科学依据的……"

大家还参观了宿根花卉园、牡丹园、紫薇园、裸子植物区等，大开眼界。这些植物不仅长得鲜活，名字也取得可爱有趣或生动形象。比如，鹤望兰，又被称作天堂鸟，这是因为它的花形酷似鸟冠和鸟嘴，而且它出生的故乡原名又叫"天堂鸟村"。

给我留下最深印象的是那些聪明的植物。例如，柿子树、酸枣树的果实很涩，如果鸟类、人类吃了，就会有张不开嘴的感觉，这样，它们的种子就会被保护下来了。榛子树也有一套保护自己种子的办法，它会让果实长成"刺猬球"，每根刺上都带着"防身素"，动物或人一旦碰上，就会又疼又痒。"光棍儿"树是一种生长在干旱地区的植物，为了让自己能够生存下去，它将自己的叶子全部进化成比铅笔芯还细的小棍儿，远远望去只能看到光秃秃的干枝立在那里。

还有更"狡猾"的树种，它们将种子通过风或鸟儿撒落在那些比较疏松的大树缝隙里，借助别的树干生根、发芽，这样生长起来的树看起来好像有些怪异。它们要么是根部又细又短，腰部以上却长得粗粗壮壮、蓊蓊郁郁，成了大身体、小细短腿的"滑稽演员"；要么大树外皮的上下部分迥然不同，成了上衣和裤子十分不搭调的"离谱时装"模特。

有一种样貌奇特的植物，上面像挂了个"袋子"一样，也有人描述为"瓶子"，那是一种捕食昆虫的植物，叫猪笼草。这个"袋子"是猪笼草的捕虫囊，其颜色艳丽，能吸引昆虫，囊口和囊盖上布有蜜腺，能分泌出蜜液，引诱昆虫。当昆虫来吃蜜时，由于囊口非常光滑，很容易跌入囊中。囊内通常会有一些液体，使昆虫无法逃出，待囊盖闭合，便死于囊中。捕虫囊再分泌一种可分解昆虫的酶，将昆虫化解，作为营养吸收。

有一种植物叫作"风滚草"，能借助风的力量滚动起来，从而达到传播种子的目的。类似风滚草的植物还有很多，如沙米、窄叶棉蓬、猪毛菜等一年生的植株，常呈圆形或椭圆形，当茎干枯萎，冬春被风吹折离根后，能随风在沙地甚至公路上滚动。

你别看竹子长得高高大大的，其实竹子属于草本植物而非木本植物，也就是说，竹子是我们平时所说的"草"。竹子一生只开一次花，开花后竹子即死亡，是一种很特殊的多年生草本植物。

杨老师还给我们介绍了几种药用植物，像曼陀罗树，全树有剧毒，它的叶、花、籽都可以入药，有镇痛麻醉、止咳平喘的效果。传说，当年在没有麻醉剂的情况下，东汉时的神医华佗就是用曼陀罗制成麻沸散，给人治病的。还有皂荚树，那一个个像扁豆一样的果实，是制作洗发水的上好原料。用这种洗发水洗头发，据说可以让发丝变得又黑又亮，而且它是"纯天然"的绿色洗涤用品。

参观结束后，杨老师带我们走进实验室。在这里，杨老师指导我们通过叶绿素荧光成像仪，观察叶片脉络的荧光效果。当我们将不同的叶子放入成像仪时，一旁的屏幕上立即显示叶片脉络的不同的荧光效果。

杨老师告诉我们，叶绿素的荧光效果可以反映植物的光合作用情况，是重要的科研手段。孩子们操作时，他在一旁点评道："你们看，这片绿色的猕猴桃叶，叶绿素很丰富，荧光效果很强；那片黄栌叶已经黄了，叶绿素很少，所以几乎看不到荧光反应。"

## ❀ 感受生命与亲情的美好

下午搞了一场朗读比赛，将从比赛中挑选一个节目参加结营汇演。朗诵比赛几天前就已经布置了，内容自选，以诗歌和散文为主，各组自选一名代表参加。

下午的朗诵比赛由学习班长江晓婷主持："下面请听戴昕朗诵散文《热爱生命》。大家欢迎。"

掌声响起。戴昕走到讲台前，她看上去有些紧张。下面的掌声更加热烈。

戴昕低着头偷偷看了一下教室里的其他同学，开始朗诵时声音很小，也不太流畅，渐渐地，她抬头挺胸，声调随之激昂：

"生命只有一次，它是宇宙间最宝贵的，最值得珍惜的。生命既是脆弱的，也是坚强的。生命既是短暂的，也是永恒的。

"生命之所以宝贵，是因为生命来之不易，每一个生命都是经过亿万年的进化而来。每一个生命都是一颗种子，承载着承上启下的重任。每一个生命都凝聚着亲人们的关切和希望。我们的生命不仅属于自己，也属于爱我们的每一个人。

"生命之所以脆弱，是因为生命面对的危险无处不在，既有自身的衰老与疾病，也有来自无法逃避的意外伤害。我们每天都能听到、看到生命逝去的消息，也会经历亲朋好友突然离我们远去的伤痛。

"可生命又是坚强的。因为生命能够忍受一切艰难困苦而重整旗鼓，经历一次次创伤而又获得新生。

"生命是短暂的，如同天上的流星，地上的鲜花。但是只要存在过、绚烂过，哪怕最后归于虚无，也会连同其曾经留下的印记一起，化为永恒的一部分，如万法归宗，滴水归海。

"没有了生命，一切等于零。只有热爱生命，尊重生命，生命才会渐渐展示她的全部意义。懂得了生命的价值和意义，才会有积极向上的人生。"

教室里响起了经久不息的掌声。戴昕满脸通红地回到自己的座位上。

江晓婷："下面有请贾小虎同学朗诵他自己创作的一首怀念父亲的诗，题目就叫《父亲》。掌声欢迎。"

掌声再次响起。贾小虎拿起两页纸，低头走上前台："我父亲是在我十岁的时候去世的。我父亲很爱我，他去世后，我经常梦见他。后来就写了这首诗。"

贾小虎一直低着头，所有人都安静了下来。贾小虎开始朗诵：

"父亲，您走的那天我很冷。

眼泪带走了我全身的热量。

您用暗淡的眼神望着我。

我知道您在想什么啊，

父亲！您舍不下您唯一的儿子，

您疼爱了一生的儿子。

163

"父亲，您所在的那个世界是什么样子？

您是否已化作了嫩草和树苗？

而我的思绪却凝固在您弥留之际。

您在想没有您的日子里谁来关爱我吧？

您在回想我小时候的样子？

回忆我们共同度过的难忘时光？

"父亲，我无力从死神手里将您留下来。

也很久没有去看望您。

我在以自己的方式纪念您。

我也曾一次次暗自将眼泪寄向黄泉。

父亲，您收到了吗？

"父亲，做您的儿子是我的命、我的福。

想起您就相当于想起我的一切，

我的生命、我的家、童年的快乐……

一切都是您给的。

一切都有您的身影相伴。

"父亲，您爱我为什么不说出来呢？

还要等我许多年之后自己来体会。

那一切多么遥远，多么温暖啊！

您用慈祥的眼神看着我，

您用温和的语气跟我说着话，

您用粗糙的手掌轻轻抚摸着我的头。

当我生病时，

您焦急而心疼地陪在我身旁。

"父亲，我做错事，您为什么不打我呢？

父亲，我知道您舍不得打我。

我是您的心头肉啊，父亲！

您把我捧在掌心，我是您最大的安慰和骄傲。

您希望我有出息，也知道我和您一样太老实，

为此您总想用您那点可怜的知识点拨我。

"小时候日子那么艰难，我却无忧无虑。

可是，父亲，您是如何度过的？

我只是看着您一直忙碌，也曾听见过您的叹息，

但更多的时候您却是平和达观的。

只是当我看到您的皱纹和白发在日益增多，

我这才若有所失，若有所悟。

"父亲，您安息吧。

您的血脉正在我身上延续，并将永远传递下去。

您仍在向我输送着爱和力量。

父亲，我们没有分开。

父亲，我们永远在一起。"

在贾小虎的朗诵过程中，在场的老师和孩子都很感动。
朗诵完毕，没有掌声，只有静默与抽泣声。

江晓婷说："贾小虎的诗好感人，父子情深。贾小虎的

父亲真好，好爱他。小虎，你别难过，你父亲给你的爱会一直在，一直陪伴着你。你们没有分开，你们永远在一起。"

## ❀ 《我与中国》与《少年中国说》

接下来由高畅朗诵一首散文诗——《我与中国》。

高畅走上前台，掏出朗诵稿，酝酿了一下情绪后开始朗诵：

"中国，你是我生命的养育者，我幼时的摇篮、游乐园，少年时的课堂，成人后成就事业之地，老年时的疗养院，最后回归自然的地方。我对你有一种欲说还休、不知从何说起的深情，一种欲罢不能的思念，一种刻骨铭心的依恋。我愿意与你同行，与你厮守，愿意听从你的召唤。

"中国，我有一种强烈的诉说愿望。我要以你的代言人的身份出现，向世人诉说你的光荣与梦想、胸襟与气魄、厚重与神韵。我要发出你的声音，让世人感知你，理解你，敬仰你，亲近你，热爱你，让沉沦和迷惘的人们因为我的诉说而奋起。中国，我在不知不觉之中认识了你，并一再更新对你的印象。

"我出生在你的一个贫穷而偏僻的角落，很早便感受到了你的存在，接受你的爱抚和教导。中国，我从父亲的脸庞上认识了你，我从破旧的土屋和粗茶淡饭中认识了你。我从乡亲们忙碌的身影、忧郁的眼神、憨厚的表情、粗糙的手掌、蓬乱的头发、沉重的叹息、欢快的笑声中认识了你。我从农家的春耕秋收、婚丧嫁娶、家长里短、节日祭祀、人情礼节中认识了你。我从乡间说书人的讲述、婉转悠长的歌谣、民间故事、教科书中认识了你。我从我自己和同胞们的肤色、体貌特征、思维方式中认识了你。我从无边的山川河流、漫山遍野的花草树木、一片片庄稼、一个个村落中认识了你。我从傍晚时的炊烟、泥泞的小路、倦飞的归鸟、收工的农夫、寂静的乡间之夜、点点灯光、温馨的话语中认识了你。

"当我从农村进入城市，从内地走向沿海和边陲，从学校走进军营和企业，你进一步融入我的身心。

"中国，你的记忆就是我的记忆。我从一出生便与你结下不解之缘。我的身体遗传了你的基因，混沌的意识中储存着对你的记忆，血液中流淌着对你的情意。

"我的一切都是你的——我看到的、听到的、感觉到的、思考到的一切，无不与你有关，无不留下你的烙印。你的过去、现在和将来都汇集于我的胸中，沉淀在我的气质之中，体现在我的举手投足之间。我就是浓缩的中国，形象化的中国，行动中的中国。

"无论何时何地，我都以你的形象存在，以你的思维方式思考。我与你一起经历了茹毛饮血、刀耕火种的蒙昧年代，与你一起沐浴三皇五帝流风遗韵的光泽，一起接受古代圣贤经典的熏陶。

"我与你一起见证了农业文明的兴起与昌盛、工商业文明的萌芽与发展、四大发明的问世与传播、儒释道学说的碰撞与融合、太平盛世时大国的气派与风度。我们一起目睹一幕幕大起大落、大喜大悲的历史剧。帝王将相、枭雄豪杰、才子佳人、士农工商、三教九流、贩夫走卒轮番登台表演，好戏连台，异彩纷呈。

"中国，我的胸中充满先烈豪杰的浩然之气。我已从混沌无为、醉生梦死的困顿中醒来，以充满活力的姿态担负起历史的重任。

"中国，你的伤痛就是我的伤痛，你的问题就是我的问题，你的危机就是我的危机。我要用你的姿态和特有的语言表明我的立场。我要保持清醒和克制，在发展中解决自身问题，创造更多机会，争取更大空间。我是中国无数子孙中的一个，我的中国梦、我的中国情与我同在，伴我一生，说不完，道不尽。"

教室里响起雷鸣般的掌声。接下来是集体朗诵《少年中国说》（节选）：

"故今日之责任，不在他人，而全在我少年。少年智则国智，少年富则国富，少年强则国强，少年独立则国独立，少年自由则国自由，少年进步则国进步，少年胜于欧洲则国胜于欧洲，少年雄于地球则国雄于地球。

"红日初升，其道大光；河出伏流，一泻汪洋；潜龙腾渊，鳞爪飞扬；乳虎啸谷，百兽震惶；鹰隼试翼，风尘吸张；奇花初胎，矞矞皇皇；干将发硎，有作其芒；天戴其苍，地履其黄；纵有千古，横有八荒；前途似海，来日方长。

"美哉，我少年中国，与天不老！壮哉，我中国少年，与国无疆！"

## ✿ 李老师的惊人之语

按照营地历年的安排，每次临近结营的时候，都会有两场讲座。一场是邀请著名教育家李世杰来营地与孩子们做一场交流活动；另一场是时政主题的，有时是高校国际政治方面的教授，有时是社科院等单位的研究员、院士来主讲。

李老师和周士渊老师的课是传统节目，每次必到，时间节点都是固定的。虽然李老师的经历不像周士渊老师那样具有传奇色彩，但也非同寻常。

李老师出身农村，小时候卖过冰棍，做过山村老师，不到两个月，把一个数学成绩平均五十多分的班教到平均 90 多分，工作一年半任教导主任，工作不到 3 年主持学校全面工作，工作 3 年多在《中国教育报》上发表文章，在北京师范大学出版社出版第一本书。

李老师热爱教育事业，潜心研究 30 年，出版的多本图书获得大奖，在中央人民广播电台和中国教育电视台主讲过教学节目，《人民日报》《光明日报》和《中国教育报》等近百家媒体报道过他的研究成果。他从事教育工作 30 年来，使无数家庭和孩子在他的教育理念和成果中获益。目前，李老师就职于国家著名教育研究机构，担任多个国家级课题组组长。

李老师中等个儿，一表人才。他走进教室时，孩子们报以热烈掌声。只见他步态轻盈，气色红润，面容和蔼。他有丰富的教学和演讲经验，思维敏捷，声音洪亮，吐词清晰，出口成章。他的很多成果都来自实践和潜心研究，常出惊人之语，振聋发聩。其中让我印象深刻的是以下几段话：

"只要有建设高楼大厦的目标，就会有人设计图纸。只要用心按照图纸施工，任何一家建筑单位都能建好高楼大厦。所以，目标是第一位的，设计是第二位的，施工是第三位的。

"对一个人一生发展起决定作用的，往往不是学历和文凭，更不是书本上的知识，而是一个人的品位、格局和境界。品位决定选择，格局决定结局，境界决定眼界。

"什么是格局和境界？'问渠那得清如许？为有源头活

水来！''问苍茫大地，谁主沉浮？''夫英雄者，胸怀大志，腹有良谋，有包藏宇宙之机，吞吐天地之志者也！''登东山而小鲁，登泰山而小天下''欲穷千里目，更上一层楼''运筹帷幄之中，决胜千里之外''不管风吹浪打，胜似闲庭信步''治大国如烹小鲜'等，讲的都是格局和境界！这些都需要细细品味。

"大格局与大境界哪里来？来自迷途知返和回归！我们要从名利与物质的阴影中回归，从权势的气场中回归！听从内心深处的召唤，找回真实和简单的自己！

"言行太多，思绪太乱，心会像堆满了东西的仓库，黑暗、发霉。生命是一个有机整体，如同一个宇宙。闭上肉眼才能打开心眼，摒弃虚妄才能回归自然。只有回归方能专注，唯有专注方能为理想开辟出路。

"回归是为了专注于灵魂热爱的事业，挖掘深沉情感的金矿。只有保持纯真朴实的天性，才能听到心灵的召唤，找到适合自己的道路。

"理想在心，大格局和大境界在心，一切举重若轻。我们最大的成本是时间，学习的最大收益是创新。我们离成功有多远？只有三步——知道、做到、习惯。

"哈佛大学第二十四任校长普西说：'一个人是否具有创造力，是一流人才和三流人才的分水岭！'两弹一星元勋钱学森说：'所谓优秀学生就是要有创新！没有创新，死记硬背，考试成绩再好也不是优秀学生！'

"在成长道路上，普通的人总是说我不行，优秀的人总是说我还行，杰出的人总是说我行！在机会面前，普通的人放弃机会，优秀的人抓住机会，杰出的人创造机会。在追求上，普通的人追求做完，优秀的人追求做对，杰出的人追求做好。在社会这座房子中，普通的人做椽子，优秀的人做檩条，杰出的人做栋梁！

"具体到学习上，也是站得高，才能看得远，看得清，就跟打仗一样，要用领袖的思维去思考问题，不断寻找好的解题方法，把自己练成火眼金睛，这样你会看到迷惑你的问题的伪装，就像孙悟空看白骨精那样，一眼就看穿它是妖怪。所以，要化被动思考为主动思考。

"每解一道题，应该主动思考出题人的想法、解题的逻辑，用到哪些知识点，解此类题的方法有哪些，这道题是否有迷惑人的陷阱，这样你就能够站在出题人的角度看这道题，看什么题都看得透透的，解题也变得很轻松了。这就是领袖视角了。

"庖丁解牛的故事，大家都听说过吧？平时做题不是死记硬背如何去答题，而是像庖丁解牛一样，把题的知识点、解题的逻辑和方法等都拆分开来，那么解题就会游刃有余了。期待着你们更深一步领悟高层次的解题思维，让学习变得更有趣，更轻松。"

李老师的很多话为我打开了另一扇窗户，让我看到一个全新的世界。每个人都渴望优秀，追求卓越，成就自我，但如何做到才是关键。李老师的很多话对我来说就是钥匙，就是秘籍，比如说，品位、格局与境界决定命运和未来，要用领袖的思维去思考问题，再比如说，只有回归方能专注，唯有专注方能为理想开辟出路等，都是至理名言。我当天晚上就将这些记在本子上，同时也记在了心上。

## ✿ 家国情怀催人奋进

那一年的时政讲座"民族复兴与青少年的使命"也给我留下了很深的印象。主讲老师是北京师范大学历史系的姚教授。作为一个退休的大学历史教授，姚教授也非常关注时政。他主讲的时政讲座有其独特的视角，很受全国各地青少年学生的欢迎。

姚教授是一个位德高望重的饱学之士，虽然年过80，却精神矍铄。他从教60余年，"退而不休"，不仅在全国各地演讲，还笔耕不辍，不时有大作问世。

他的讲座涉猎广泛，以时事切入，却能顺理成章地联通古今中外。他的一些话语对我震撼很大，我至今想起仍很激动。总的来说，姚教授的演讲精彩纷呈，高潮不断。

他说："一个名叫马丁·雅克的英国教授说：'中国崛起不可怕，可怕的是他们存在五千年了还这么强。纵观世界史，西方曾经也产生了很多强大帝国和国家，深刻影响世界历史，但后来都灰飞烟灭。曾经的大英帝国现在日益衰弱，都快被自己的殖民地印度超过了。而在东方，这些强盛的朝代一脉相承，其文化与文明从未断绝。'

"马丁·雅克总结说：'这样我们就可以很容易理解，为什么西方帝国衰败后就再无崛起的可能，而中国总是能不断地复兴。这是因为中国本身就是一种文明。而这个文明没有出现断层，而国家兴衰必定只不过是她摔倒再站起来的动作而已。文明的绵延不断是一个很厉害的现象，而中华文明是独一无二的。'

"马丁·雅克教授看得很准，说得很对。有时候西方的精英看中国，可能比我们自己看得还要清楚，正所谓'旁观者清'。少数的中国人有时却会失去自信，甚至崇洋媚外。西方精英层早就预测到了中国的崛起不可阻挡，所谓的唱衰不过是心有不甘，或者就是肆意诋毁和破坏。

"中国的价值观和西方国家的价值观是有本质区别的。西方传统推崇对决，硬碰硬，中国人则强调巧用计谋和迂回包抄，韬光养晦，深谋远虑。

"你们赶上一个非常好的时代，'百年未有之大变局'的大时代。在未来的几十年中，中国社会将经历一场全方位的巨大变革，全体国民将更为富裕、健康、自信，受教育程度更高，更为国际化，视野更开阔。国民素质和心理状态的转变将为中国引领世界新秩序奠定基础。

"在此大变局中，作为中华文明的传承人，中华民族伟大复兴的接班人，我们应该怎么做？做些什么？首先要有文化自信，好好学习中国文化，汲取营养和力量，不要仰视西方，不要太物质、太浮躁。学好中国历史和文化，才能知道我们曾经达到过的高度，先贤圣哲精神境界的崇高和圣洁，才能知道中国人是很优秀的，中国文化是高级的。

"近两百年来我们的确落后了，但造成这种情况的原因很复杂，主要是没有跟上前三次工业革命的脚步。天佑中华！我们赶上了第四次工业革命。我们在各方面都在赶超曾经的强国。悠久灿烂的文明正在为工业革命输入新的活力，我们不仅要做工业强国，还要复兴我们的文化，成为文化强国。

"青少年是即将奔赴前线的战士，要德、智、体、美、劳全面发展，才能适合大变局的需要。如果战士倒下，将军的号令又有何用？我们不能自卑，更不能骄奢淫逸！放松和放纵都是自毁前程！古老的中华文明要求我们成为优秀和杰出的人，要求我们完成物质和精神同步复兴的大业！

"面对险恶的对手和复杂多变的国际局势，我们需要以更高的标准审视自我，以恢宏的气度和稳健的姿势，迎接八面来风，怀抱复兴梦，坚守复兴梦，百折不挠地奋斗；既要兼收并蓄，与他人共创共荣，又要持续创新，独立自主，走好自己的路。

"我们是这个时代的见证者、参与者和代言人。时代在我们眼里，也在我们心里，更在我们的身边、脚下和手中！我们的胸中要有先烈豪杰的浩然之气，以充满活力的姿态担负起历史的重任！"

这是我有生以来听过的最令我震撼的一次讲座。关于中国历史与文化，关于中国在当今世界格局中的位置与未来发展，关于我们青少年的使命与重任，我此前对这些有过一些认识，但那些认识都是混沌的、肤浅的，流星般地一闪而过。而姚教授却能提纲挈领、大开大合、直指要害地将这些问题浓缩在 90 分钟的讲座中，不愧是大家风范、大家之言！

## ❀ 开始排练结营节目

如果说营地的学习方法、习惯养成、体能训练等课程以及前面几位教授的讲座侧重实用与实操的话，那么，李老师关于格局、境界和品位的讲座和姚教授的时政讲座，则是定向和定位，强调的是理念与信仰等精神力量的作用，旨在引领我们的正确方向，树立远大目标，突破旧有思维，起到拨云见日、指点迷津的功效。

这是一种精心的课程安排：从实到虚，一步一个脚印。这种设计遵循的是轻重缓急、循序渐进，先治病后调理，先播种后施肥的原则。

第 18 天的下午，孩子们在一起做了最后一个集体游戏：折纸塔。孩子们以小组为单位，分工协作，有的裁纸，有的将纸做成纸卷，有的搭建。

结果，"太阳队"做了一个"通天塔"，底座宽大，上面一枝独秀。"栋梁队"做了一个多层塔，阶层式的，层次分明。"思齐队"做了个斜塔，地基不稳，文洁老师用手捅了一下，立马倒了。孩子们都笑喷了。

游戏结束后，大家又继续排练节目。从第十八日起一直到结营前，孩子们的主要时间和精力都是排练节目。孩子们说一定要排出一场让家长眼前一亮的晚会，让所有的家长大吃一惊，对他们刮目相看。

怀着这样的想法，所有孩子都全身心投入排练，有文艺细胞的孩子尤其活跃。各组推选了一位主持人，不仅负责写串场词、背台词，一遍遍地磨合，同时还要负责晚会的整体策划与衔接。文洁老师、郝教官、班主任及助教们充分放权，充当助手的角色，需要时听从调遣，服从安排。

整台节目以集体表演为主，所有孩子都有多次登台表演的机会。由于前期在课堂养成积极主动回答问题和上台展示的习惯，加之所有孩子都急于在父母面前展示 21 天的成果和变化，所以在排练节目时，所有孩子全身心地投入，处于一种亢奋的状态。

在需要排练时，大家就去排练；不排练的时候，大家就给父母写信。这是文洁老师给孩子们布置的另外一个任务。

文洁老师的颈椎病一直没好利索，若颈部动作大了，她还是有些头晕，但她一直在排练现场协调。女孩子们轮流给她按摩颈部和捶背。

顾小丽打来电话，说她爸的血压降下来了，已做完手术。由于出血太多，情况难以预料，目前仍在重症监护室，不能说话。医生说情况不乐观，以后可能会半身不遂，生活不能自理。

大家听后心情很沉重，同时向文洁老师建议，大家以后要多帮助小丽，有钱的出钱，有力的出力，最好是能建立一个机制，或设立一个帮扶小组。大家都说顾小丽是一个非常好、非常有潜力的孩子，她遇到困难了，我们不能不管。我当场表示，我以后一定要节约，把省下来的钱捐给顾小丽爸爸治病。

临近结营，我们的心头笼罩着离愁别绪。有的人看上去心事重重，黯然神伤；有的人已经开始互加微信和互赠礼物。我们都舍不得离开文洁老师和郝教官。

与此同时，与父母沟通父母来营地的事宜，几乎所有人都希望爸妈能够来营地，但有的人的爸妈的确有事来不了。那些爸妈来不了的孩子非常失望和伤心。

当天晚上，文洁老师在教室里组织大家进行了营地生活总结。她让我们都说一说自己来营地后发生了哪些变化，哪些训练环节，哪位老师的话触动了自己，自己都有哪些比较深的感悟。

## ❀ 我变化很大，但不知是从何时开始的

营地总结会由文洁老师主持。她让大家把教室布置成一

个椭圆形，大家相对而坐，如同一次茶话会或沙龙活动。

文洁老师说："还有两天就结营了，大家都总结一下，说说自己的收获和体会，也互相交流一下，相互学习、借鉴和启迪。我们也希望能从大家的发言中，听到有价值的意见和建议，以便在以后的工作中加以改进。"

她说教室这样布置，是为了方便大家交流。大家自由发言，不限制发言时间和次数。别人发言时，其他人可以补充。有谁要说话，只需举起右手示意一下即可。

这是我有生以来经历的最热烈、最感人的一次会议。48个孩子争先恐后发言，如同上次在运动场的"烛光夜话"一样，所有发言都发自肺腑。

不同的是，这次"我的21天"个人总结，一扫上次"烛光夜话"时的愤懑和怨气，充满了新生的喜悦和从头再来的意气风发。

和上次"烛光夜话"一样，我还是第一个发言。只是上次是被点名的，这次是我主动要求的，我第一个举手，但我刚说了一句，就被打断了。

我说："这21天对我来说就跟梦游一样，我都不敢相信是真的。"

贾小虎瞥了我一眼，说："别整深沉的，有话直说。"

我知道他在逗我，也不以为意，继续按我的思路说道："我没想到自己可以这么多天不用手机，不吃山珍海味，不穿时髦衣服，竟然也能活得很好！"

这几句话发自内心，这样开头实际上是在为孩子们代言，因为我认为所有孩子都能感同身受，这几句话能引起他们的共鸣。显然，我刚说完，孩子们都以不同方式表示了认同。

"大家都肯定有很多话要说，我就先抛砖引玉吧。大家都知道，从我进营地那天起，我就想逃离这个地方，并且瞎折腾了好几天。起因就是手机和零食被收缴。我本来就不是来学习的，是来营地避难的。因为我在家闯了祸，爸妈都在气头上，准备混过这一段时间再说。但我没有想到营地管理那么严格，这让我一下子就崩溃了。我自由散漫惯了，宁愿在家挨我爸妈的骂，也不愿过受约束的日子。

"抱着这样的想法，营地开什么课，搞什么训练，我事先不清楚，也没有兴趣了解。我妈给我介绍这个营地的情况，我根本听不进去。我即使到了营地，不再闹腾了，我也是随波逐流，打发时间。

"很难说我是从什么时候改变想法的。好像没有一个准确的时间点和具体哪一件事让我安下心来，我不再闹着要走了，应该有多方面的因素。刚开始，类似整理内务卫生、晨练这样的事情，我觉得是强人所难，内心充满了厌恶。但有些东西对我有所触动，比如说，晨练时的"自我激励导语"，餐前的"感恩词"，还有开营仪式时的几位领导和老师的话。随后郝教官给我讲他当特种兵的经历开阔了我的眼界比较吸引我，指定我当楼长。再往后，文洁老师的课逐渐地吸引了我，我虽然并不是很专注，表面上仍是一副漫不经心的样子，但有些东西的确在悄悄地影响着我。

"我的学习成绩很差，基础很薄弱，对文洁老师讲的学习方法比较感兴趣。我是一个懒人，觉得学习是一件很累、很苦的事情，学习方法是捷径。懒人就适合懒办法。还有习惯养成，我觉得它是与学习方法配套的。有好方法，再加上好习惯，我才能进步和成长。我觉得这两方面的训练对我还是很有帮助的。

"我必须得说，文洁老师的课讲得非常好，包括积极心理学、中国文化与中国人，尤其是学习方法的内容，只是我开始几天心神不定，没听进去多少。所有课外训练、游戏、晚会，还有后面的几次讲座，都非常好，都是有针对性的，只是我刚开始的时候三心二意，也没有体会到老师们的良苦用心。我先说这些，后面想到什么再补充。"

## ❀ 一个为教育而生的人

我的发言引来热烈掌声。所有孩子都举手要求发言，好多孩子都站起来了。文洁老师见大家如此踊跃，于是改变了策略，让大家挨个发言。下一个发言机会给了坐在我右手边的艾弥儿。然后，从艾弥儿开始依次按顺时针方向进行。

艾弥儿显得很激动，她望着文洁老师说："我就不站起来了，站着说紧张。我坐着说行吗，小文老师？"

文洁老师说，没问题，接下来站着说、坐着说都行，大家随意。艾弥儿调整了一下坐姿，开始发言："首先我要真诚地感谢文洁老师、郝教官和营地里的其他老师。你们不仅懂得我们的心理、身上的问题及痛点，也懂得这些问题及痛点的根源和解决办法。过去的十几天是我们人生中最快乐的时光，因为我感受到了老师们的关爱和理解。

"刚开始的时候，我也跟雷霆同学一样，对营地的情况不了解，也没兴趣了解，只是想换个环境，不想看我爸妈的冷脸。我对这里所谓的训练压根儿就没抱什么希望。上次我说了，我是一个抑郁症患者，没有什么可以打动我、影响我。

对于这个世界，对于所有的人和事，我只是一个旁观者。我知道大家刚接触我的时候，都觉得我很另类，不合群，但那就是真实的我。

"像我这样一个人，竟然也能改变。特别让我感动的是文洁老师的爱心和耐心。在这十多天的时间里，我从来没见她发过火、着过急。不管我们怎么调皮捣乱、惹是生非、不配合、闹情绪，小文老师总是那么的温和和亲切。她说的每一句话都是那么有道理，却又那么平易近人，从不居高临下。

"还有就是她的知识面很广，懂的东西很多，无论是讲课还是课外活动，她只要开口说话，我就像如沐春风，在增长见识的同时，感受到了一种仁爱之心。小文老师就是一个为教育而生的人，言谈举止都是表率，都贯穿着教育。"

文洁老师听到这里连连做手势，并微笑着插话道："艾弥儿，还是多说说哪件事、哪些话、哪些方法让你受到启发，发生改变的吧，把我抬得太高，我头晕。我有恐高症。"

文洁老师说罢，孩子们哄堂大笑，艾弥儿也笑了。她继续说道：

"好吧。不过我刚说的都是我的真实想法，反正我觉得小文老师挺神奇的。再回过头说我自己吧。给我印象最深的是积极心理学课程里的一些话，这门课好像是专门为我而开的。文洁老师第一次上这门课时，我就听得特别认真。当她在黑板上书写'我们为什么不快乐？怎样保持生命的最佳状态？屏蔽狭隘、愤怒、嫉妒、恐惧、焦虑等负面情绪，让内心充满仁爱、宽恕、感激、智慧、乐观、活力'这些话时，我当时心里就过电了。我将这些记在本子上，后来随着小文老师的进一步讲解，这些话就刻在我的脑海里了。

"记住了这几句话后，再回过头对照自己，就发现自己的问题了，我总是怪父母偏爱弟弟不爱我，其实还是我自己内心不够强大，不够阳光，没有将负面情绪屏蔽掉，任其野蛮生长，最后遮天蔽日，内心一片灰暗。

　　"我先说这些，其实要说的话还有很多。我这个人比较敏感，感受到的东西很多。来营地后，我每天都在记日记。在这里，我的收获特别大，这段经历完全改变了我的心态。如果没有这个训练营，我真不知道我以后的人生将会滑向何方。"

## ❀ 文洁老师：你们回去后我们会继续跟进

　　紧挨着艾弥儿右手边的是段云龙。按照文洁老师的新规则，下一个该他发言。他看上去早就做好了准备。艾弥儿话音刚落，他就接上了，说：

　　"艾弥儿同学说得挺好，我也有同感。我也改变了很多，要说对我影响最大的，还是这里的经历让我感受到了学习和知识的重要性。

　　"刚才艾弥儿说文洁老师知识面广，懂的东西很多，我就不再说了。有几件事让我感觉到我退学是不对的。

　　"第一件事是在天安门广场观看升旗仪式的时候，当时大家都激动得流眼泪，我也一样。回来后我就想，我们能有今天不容易，是经历了多少代人流血牺牲、艰苦奋斗换来的，国旗下的我们这一代要懂得珍惜，要多学本领。

　　"第二件事是参观中科院力学所和植物所。那天参观这两个研究所之后，我才切身体会了知识就是力量的真正含义。

"第三件事是姚教授的时政讲座给我的震撼很大。我想起来他的一些话就热血沸腾。他说我们是即将开赴前线的战士，'如果战士倒下，将军的号令又有何用？'还有那一句话："古老的中华文明要求我们成为优秀和杰出的人，要求我们完成物质和精神同步复兴的大业！我以前也听说过类似的话，但姚教授的表述直指本质，直抵人心！

"这些都是给我内心带来直接冲击的几件事情，这些事情让我产生了重返学校的想法，也让我越来越认同营地的训练和教育理念。但对我来说有一个非常大的问题仍没有解决，那就是我之所以退学，并不是因为我讨厌学习，而是讨厌我爸爸、妈妈把我管得太死。我退学就是想教训一下他们，让他们知道什么叫物极必反，哪里有压迫哪里就有反抗。

"那么问题来了！我们在这里一切都挺好，那么出去以后又会是什么样呢？我们在这里发生蜕变了，但我们的父母一个比一个牛气，他们改变得了吗？如果他们仍是老样子，我们是不是很快就会被'打回原形'？

"就拿我爸妈来说，他们的思想观念就是非常过时、非常顽固的。从他们身上，我能感到一种封建家长制的作风。那种强势和居高临下，以及对我的管束与压制，跟奴隶主对待奴隶、不良老板对待下属一样。

"刚才艾弥儿说对待父母的问题，要多从我们自身找原因，先克服自己的负面情绪，要有阳光心态，她说得也没有错，有些事情是我自己没有处理好。因为他们对待我的所作所为，我拒绝与他们交流，关闭了沟通的大门，到最后我们完全成了敌对状态。但谁能来培训培训他们，让他们也知道自己在家庭教育方面的错误和欠缺呢？"

段云龙的这番话一针见血，正中靶心，空气一下子凝重起来。文洁老师及时回答了段云龙的问题，也让现场气氛重新活跃起来。

文洁老师是这样回答的："段云龙提出了一个非常好的问题。这个问题必须解决，也是全部训练内容的组成部分。家长必须全程参与，家长与同学们一起成长，一起进步，走出营地只是改变的开始，家庭教育需要一场变革，我们的训练营结束了，家庭训练营开始了。

"就在你们在营地训练的同时，我们也一直在与你们的父母沟通，他们也一直在了解你们在营地的一举一动，包括你们的状态、发生的变化，以及你们对他们有什么抱怨、不满，有什么希望等。家长们非常诚恳和虚心地听取了我们的意见和建议。我们要求所有家长都来参加结营仪式，见证你们的成果和变化。到时我们还会专门召集家长座谈，面对面地进行探讨。除此之外，你们回到家庭后，我们还会与你们和你们的父母保持沟通。所以，对于段云龙提出的问题，我们都有对策和解决方案，大家尽可放心。"

## ❀ 光学习好是远远不够的

听完文洁老师的解答，大家都略感放松，包括我在内。这个问题其实也是我一直担忧的，我自己需要面对我爸妈两个人，我对他们抱有很深的成见，觉得是个解不开的死结。

不过，自从我不再闹着要退营之后，他们对我的态度的确改变了不少。有几次我拿到手机后，给他们发一些营地的照片，跟他们闲聊几句，能明显感觉到他们把我当作了回头的"浪子"，并有一种"山重水复疑无路，柳暗花明又一村"的喜悦。

接下来发言的是学习班长江晓婷和纪律班长张雅丽。作为好孩子的代表，她俩的发言与我们前几位的角度明显不同。

圆脸短发的江晓婷言如其人，干练利落："虽然这个训练营叫作21天好习惯播种营，可我觉得这里的训练是全方位的、立体的和多管齐下的。这个训练营让我们感觉到了我们自身的问题。这里的一切固然都影响和改变了我们，但最重要的还不是这些，而是它为我们确定了方向、目标和标准。我们知道应该从哪些方面下手，在哪些地方存在差距，我们应该到达一个什么样的高度，以及我们最终应该到达什么地方。

"学习成绩当然重要，所有同学都希望有个好成绩。这里的训练告诉我们，提高学习成绩需要关注的因素有哪些，包括学习动力与心智模式，学习方法与生活习惯，身体素质与专注力，天赋属性与兴趣爱好。所有这些都与学习成绩有关，也与我们的全面发展有关。如果只埋头学习，不注意其他方面，则可能欲速则不达，甚至适得其反；如果仅是学习好，却性格偏激，心理抑郁，胆小如鼠，体弱多病，这又有什么用呢？而且终究是不可持续的，是走不远的，迟早是要出问题的。

"我以前就是这样，就只知道学习。由于没有好方法，没养成好习惯，学得很吃力，心理状态也不好。由于两耳不闻窗外事，思路和眼界也有局限，更不要说格局和境界了，身体也越来越差。俗话说，'磨刀不误砍柴工'。我觉得这个训练营就是在教我们磨刀。

"前面几位同学都谈到了自己在营地的收获与感悟，我也深有同感。我觉得我每天都在进步，都在成长。如果非要说哪一件事给我的启迪最大，那就是入营第 12 天上午，文洁老师组织我们玩了 3 场游戏，'制作香包''未来时空'和'穿越火线'。

"虽然当时文洁老师说，这 3 个游戏有一个共同的主题叫作'人生就是一场情绪管理的游戏'，但我个人觉得这 3 个游戏的含义超出了情绪管理的范畴，更多的是心智模式的训练。这 3 个游戏教会了我如何处理一些事情，看待一些问题。联想到自己过去经历的事情和目前的处境，我突然有一种豁然开朗的感觉。这些就是我的感悟。"

## ⊛ 所有训练都是在强化自我管理

江晓婷说完，文洁老师带头鼓掌，所有孩子都报以热烈掌声。我必须得承认，江晓婷的发言有高度，有水平，让我不得不佩服。

接下来，大家把眼光投向了她旁边的美女张雅丽。作为纪律班长的张雅丽从一个全新的角度谈到了训练给她的启发，同时她也借题发挥，分享了她的意见与建议："作为纪律班长，我接触到纪律与约束，个人与集体方面的事情较多，考虑到的很多问题也与此有关。

"我的最大体会是营地所有训练都只为了一个目的，那就是教会我们自我约束和自我管理。过去的 10 多天，我目睹了大家从刚开始的放任自流和纪律松散到后来的严于律己和整齐划一。这个过程就是大家从转变观念到转变行动的过程，也是营地训练落地生根、开花结果的过程。

"刚才大家都说了自己的收获和体会，说到了营地训练设计的别具匠心和对我们的帮助。我觉得训练的目的还是让我们知行合一，最后落实到管理自己、管好自己上。从个人卫生到作息时间，从课堂纪律到课外团队活动，从学习方法到饮食健康，从情绪管理到人生规划，从格局境界到责任担当，将所有的好思想、好观念、好方法都内化于心，外化于行，也就是说化为好的习惯。按照我个人的理解，就是做好自我管理。

"不能约束自己的结果很可怕，很多问题都出在这里。每个人都会有压力，都会受到这样或那样的伤害，都有空虚和孤独的时候，在这些时候自我管理就更重要了。为什么会有那么多孩子网瘾严重、抽烟喝酒、早恋叛逆、心理不健康、轻生自残，混社会甚至是报复社会？可能也都是我说的这个原因吧？

"营地的训练都是在强化自我管理，但能强化到什么份上，我们又能做到多少，能否持续做下去，才是问题。很多人关心的是我们蜕变了而父母不变怎么办？我更关心的是我们自己的这种蜕变能保持多久，因为自我管理是一生的课题，也是难题。"

## ✸ "我下定决心改变自己，也逐渐确信自己是可以改变的"

好学生就是好学生。江晓婷和张雅丽的发言都挺有高度的，思考的问题不仅深入而且系统，我听后暗自佩服。

听着张雅丽的发言，旁边的戴昕几次点头，欲言又止。等张雅丽说完，她马上接话："雅丽姐把我要说的话都说了，我听着都着急了。"

戴昕看上去是真着急了，她的话和着急的样子让所有人都笑了。

戴昕先是站起来，然后又坐下，看上去还是有些局促："雅丽说得太好了！我没她那个水平。她总结得非常好，我就讲我自己吧。

"我刚开始来营地时非常害怕，我从没离开过父母那么长时间，也从没离开父母身边那么远过。我从小到大身边都围着一堆人，什么事都有人帮我做，我觉得一切都是理所当然。久而久之，我的身体和心智功能都退化了，以至于只要离开家，只要身边没有大人，我心里就莫名其妙地发慌，哪怕是一件小事，我都不知道应该怎么办。这一点我就不多说了，我刚来营地时的状况大家都看见了，闹了不少笑话。

"追根寻源，有大人的原因，也是我自己的原因。大人的原因我就不多说了，无非是溺爱和放纵。那么我自己为什么会甘当'笼中鸟''室中花'呢？因为人都是有惯性和惰性的。我觉得人活着太难了，生活、学习、工作、结婚、生孩子，想起来头都大！我想趁现在有大人替我操心，我就偷偷懒，能省心尽量省心。但问题是，我越偷懒，越什么都不想做，也不会做，最后成了一个废人！这是我到营地后才意识到的。

"到了营地后，我才知道自己这样下去是不行的，我爸妈送我来这里是对的。我下决心改变自己，也逐渐确信自己是可以改变的。我知道我的短板是胆小怕事，所以每次活动我都积极参加。我特别注意向文洁老师学习，她说的所有话我都记在心上，并用心揣摩。我知道她是一心一意为了我们好，她做了那么多年教育，见过那么多孩子，经验那么丰富，加

187

之她对我们那么好，都累出病来了，我没法不信任她和依靠她。

"对我影响最大的是当店长的经历、财商训练活动和所有集体游戏环节。这些活动让我融入集体之中，感受到同学间的情谊，每次活动我都有机会展示自己，我也一直有意识地挑战自我，胆子越练越大，独立生活能力越来越强。其他的训练内容也都很好，晨练、自我激励及所有的讲座，我都喜欢。

"我得感谢我爸妈把我送到这里来，更要感谢文洁老师、郝教官和营地其他老师。我在这里明白了很多道理，知道了改进和努力的方向。人总得自己长大，自己的事情只能靠自己解决，若依靠别人，自己永远长不大。这些就是我最大的收获，也是我最想说的。"

## ⊛ "病来如山倒，病去如抽丝"

一阵热烈的掌声过后，贾小虎站起来发言，他开门见山地说："俗话说，'病来如山倒，病去如抽丝'。这句话是我目前心理状态的最好写照。在来营地前，我一直与我妈对抗，一切都反其道而行之，好像这样做挺痛快。现在想起来，那时的我就是一个病人。

"我和我妈之间的故事，我上次都说过了，这场对抗注定是两败俱伤的。当时我们都很绝望，都找不到出路，但谁也不愿妥协，两人都不愿下台阶。我在营地里经历和感受的一切是以前从未有过的。我先败下阵来，感觉对不起我妈，我不能再与她对抗了。我不知道这段时间老师是如何与我妈沟通的，但愿她也能反省一下自己，这样我们能同时找到回家的路。

"说到对我影响最大、留下印象最深的事情有两件。一件事是我妈的留言，她说就是因为看到我在营地里的改变，她现在每天都很开心幸福，连同事们都问她遇上什么好事了。这话不像是她瞎编的。另一件事就是大家鼓励我上台分享，然后小文老师奖励我一个拥抱。从我记事的时候起，我妈就从来没有抱过我，那是我第一次感觉到关爱与幸福。我爱我妈，我相信她也是爱我的，可是我感觉不到她的爱，她的爱更像是恨。我现在体会到爱是需要相互唤醒的。但愿我们能重新开始，从头再来！"

## ❀ 在训练营里，我体会到了真正的"凤凰涅槃"

下面轮到个子矮小的石子义发言了。他站起来时有些激动，起立时也有些突兀，都没来得及往后挪一挪椅子，起身时将椅子撞倒在了地上。

石子义不好意思地回身将椅子扶起来，又扶了扶镜片厚厚的眼镜，然后说道："在训练营里，我体会到了真正的'凤凰涅槃'。这是一个类似破茧化蝶、春风融冰的过程。刚才好几位同学也都说了一下这方面的感受，我也说说我个人的体会和理解。

"在'制作香包'游戏过程中，文洁老师曾在黑板上写过这样几行字，'悦纳自我，激发潜能。中医：扶正祛邪，固本培元。诗人：阳光所到之处，阴影自动隐退。农民：去除杂草的最好方法是多种庄稼。'不知大家是否还有印象。这几句话浓缩了我全部的收获与成果。而且我认为，训练营的出发点和落脚点包含在这几句话中。

"为什么这么说呢？因为所有课程和训练都是在发现和激发我们身上正面的、有优势的、阳光的一面，通过扶持和扩大这些正面因素，削弱和减少负面因素，最后达到身心健康的目的。如学习兴趣和学习力的训练、习惯养成训练、'自我激励导语'、体能训练、财商训练、团体建设、心智游戏、诗歌与音乐、中国传统文化精华、饮食健康、格局与境界、科普、爱国主义教育等，都是正能量的，如同阳光雨露之于植物一样。

"所有训练都指向一个方向，那就是让我们发现自身的问题和不足，在此基础上确立一个更高的目标，同时授予我们达成这个目标的途径和方法，最重要的途径和方法是自信、自强，就是所谓的心想事成的哲理。

"刚开始我们都不适应是因为我们身上的问题很多，或者说离训练营的目标相差太大，对此我们并不自知，因而觉得不自在，难以忍受，感觉所有一切都是一种束缚。后来我们不再觉得那是一种束缚了，我们能够适应，甚至全身心地投入了，是因为我们身上的问题是有可能解决的，甚至是有方法和有希望的。

"其实，自信、自强的源头还是自我内心的强大，营地的训练就可以起到这种辅助作用。其中有一条贯穿始终的红线就是'心想事成'的自我心理暗示，也就是说，要相信自己的潜力，相信自己的梦想。正如有位家长推荐的'自我激励导语'里说的：'播种什么，就会收获什么，心想事成。如同祈祷的作用一样，让愿望充满心灵，你真的会变好。这并非神力，神力来自你自己。'

"再说说我自己的变化。我一直对物理和力学感兴趣，曾经有过长大成为一位科学家的梦想，但后来因为痴迷网络游戏，梦想渐渐黯淡了。但那天参观钱学森和郭永怀的办公室后，我的梦想复活了。我要珍惜时间，爱惜身体，刻苦学习，从此彻底告别网络游戏！"

## ❀ 成长需要时间，更需要目标和规划

石子义态度诚恳，语气坚决。大家对他的发言和表态报以热烈掌声。下面轮到了韩梦娜发言。前面同学发言的时候，韩梦娜一直在做记录。石子义发言结束后，她拿起她做记录的那张纸站了起来，边看记录边发言："前面几位同学的发言都很好，我都做了记录。这种交流非常有价值，有意义。我们从别人的感悟和看法中会得到启迪，多一个角度来考虑问题，还能发现被自己忽略的东西。

"我补充一点，就是那次朗诵比赛中的三篇朗诵稿选得挺好的。一篇是《热爱生命》，一篇是贾小虎同学的《父亲》，还有一篇散文诗《我与中国》。当时我就觉得每篇朗诵稿都挺打动人，后来我想，这3篇朗诵稿其实就是在讲我们一生中最重要的3样东西：生命、亲情与爱国情怀。

"我再说说总的感受吧。过去的10多天有可能成为我一生中最重要的日子，这些日子给予我太多的营养。我每天都在进行思考，尤其是夜里睡觉前的时光，我会反复回想当天的每一个细节。我上次跟大家说了我的家庭情况，我很沮丧。我也承认我内心很空虚，很孤独，因此会靠炫富和说大话来充实自己。我知道那都是在自欺欺人，我同时还知道我改变不了我父母。大人的事情，我不懂，也不想懂，我只能改变

自己。这是我思考得最多、最透彻的问题。

"如何改变自己呢？从哪些方面改变？其实仔细想来，营地每天都在给我提供答案，只不过这些答案需要自己去感悟。营里训练面对所有人，答案隐含在细节里，自己感悟出来了才是属于自己的，才是牢靠的。别人给不了答案，只能给意见。

"我得出的答案是，要做好自己，要有自己的主心骨，要尽一切所能让自己内心强大起来。父母不可能陪伴我们一辈子，而且他们的问题需要靠他们自己来解决。我们目前还都很脆弱，很多事情需要隐忍，人生总会有这样或那样的缺憾，我们需要保持一颗平常心。成长需要时间，更需要目标和长远规划。这样，隐忍才有意义，才不会让人觉得不可忍受。"

## ❀ 天赋可能会隐藏得很深

下一位发言的是高畅。高畅是一个典型的乖孩子形象，文质彬彬的，话不多，事也不多。他做什么都井井有条的，床铺、桌面很整洁，人也干干净净的。虽然我们住在一个宿舍，但他跟我们3个人交流并不多。他总在做自己的事情，看书、做题、整理内务。宿舍里打扫卫生的事，他基本全包了。轮到他发言时，我特别关注，想听听他说些什么。

高畅本来就是一个不善言谈的人，这次发言，他仍然说得不多，但我觉得他说得很精彩。他说："我是一个没有主见的人，遇事随大溜。我同时也是一个追求完美的人，不管做什么，我总是考虑其他人的反应和感受。在学习上，我也想每门功课都很强。这些本身听起来好像并不是坏事，但是我似乎过度了。结果是把自己搞得太累，形成某种强迫症和讨好型人格。

"这次来营地，我最大的收获是意识到我的问题在于目标不清晰，导致内驱力和自信心都不够强大。正因为存在这些问题，才会遇事总是瞻前顾后，优柔寡断，忽冷忽热，摇摆不定。

"文洁老师讲天赋测评时说到的那些话对我影响最大。她说，'每个人的天赋是不一样的，只是需要去发现和发掘。有时候，天赋并不一定表现得很明显，可能会隐藏得很深，需要某个机缘触碰到了天赋开关，你才能发现它'。这些话让我懂得一个道理，只有真正了解自己，才能把握自己，改变自己，发挥自己，展现自己，与自己和谐相处。如果不了解自己的个性，不知道自己的特长与潜力，就很容易受外界因素所牵引和干扰，最后迷失自己，陷入各种困惑之中，做出自相矛盾、匪夷所思的事情来，在不经意之间，损害和糟蹋了生命。"

## ⚙ 孩子们各有收获

接下来，其他孩子都一一发言。由于排在后面发言，很多话都是前面同学说过的。但也有一些个性化的、具有一定价值的内容。下面简要列举一下几位孩子的发言。

宋佳妮说："我来营地最大的收获就是要尽量摆脱我妈对我的不良影响。她自己没有做好，又拿她那一套处世哲学来教导我，我可不能像我妈那样，不想像她那样生活。我也不能总是被父母离婚的事影响。他们是他们，我是我。过去几年，这件事对我影响太大了，让我干了很多不靠谱儿的事，纯粹是自取其辱，现在想来太不值得。"

黄媛媛说："我个人没有任何优势，长得不好看，学习成绩也不好，在家里不受父母待见，在外面也被人歧视。有时候我真觉得上天对我很不公平，我也会怀疑活着的意义。不过来营地后，我的思路开阔了。我特别喜欢文洁老师在讲中国文化与中国人时引用的那首诗《苦菜花》。'为什么要开花？因为根是苦的。'虽然文洁老师用这首诗作为引子，讲中国经历的磨难与民族复兴，但这首诗不也适合个人吗？人不正是因为经历了那么多磨难，才应该奋发图强吗？'多难兴邦'，我觉得多难也可以兴人。"

秦阳说："从营地回去后我要跟我爸妈好好谈谈。我要告诉他们我在营地学到了什么，悟到了什么。我要告诉他们我不想上学的事实真相，如实告诉他们，他们对我的期望已经变成了枷锁，我已经喘不过气来，所以我才会装病，装可怜。至于他们接下来会怎么做，我也管不了那么多。我需要正视自己和自己的问题，需要做出调整，我和我爸妈都得做出改变。"

高桥说："我很喜欢听李老师的课，人生需要规划和设计。对一个人一生起决定作用的，不是学历，更不是书本上的知识，而是一个人的品位、格局和境界高度。李老师不是泛泛而谈，他讲到了提升境界和格局的方法，尤其是几个'回归'，回归简单、回归自然等。我的兴趣比较广泛，求知欲比较强，尤其喜欢新生事物。也有人觉得我有些飘，我自己也意识到了。接下来我要克服浮躁之气，聚焦和务实。"

沈贞贞说："对我影响最大的是周老师讲习惯的那次课。

尤其是他说习惯是一个人品位和修养的具体体现，一个人给他人的第一印象什么样，就能说明这个人的习惯好不好。他还说习惯贯穿在工作、学习、生活的所有方面。对照自己的情况想一想，还真是这样。饮食、卫生、衣着、谈吐、交往，这一切不都和习惯有关吗？所以，知道哪些是好习惯，就一定要坚持；知道哪些习惯不好，就应该立马放弃和改正。"

第四章

合：回归家庭，点亮心灯

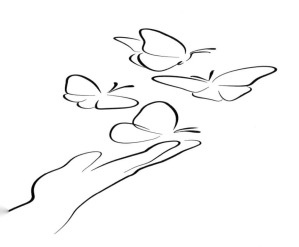

## ✿ 家长们陆续来到了营地

入营第 18 天晚上的个人总结，无论是对个人，还是对其他人而言，都是一次思想上的提升。首先它是一次对营地生活的全面回顾与梳理，有来营地前后的对比，也有对营地学习、生活和训练的个人感受。有的是全景式的和概括性的，有的是聚焦在某一个方面，或者某一点。

在总结过程中，大家相互刺激与启迪，由浅入深，如同碎片整理程序一样，思想认识逐渐系统化、条理化。由于大家的总结都是真情实感，发自内心深处的，一个人的情绪很容易感染其他人，如同轻风拂过一片树林之时，所有树木与枝叶都会一起舞蹈，发出有节奏的声响。

可以说，这不仅是一次简简单单的总结，更是一次放下包袱、释放自我、畅想未来的契机。所有孩子都站在了一个更高的起点上，将过去看得更轻，将未来看得更重。

最后 3 天是孩子们最轻松、最高兴的 3 天。他们收获满满，信心满满，急于见到家长，向家长汇报。他们坚信，他们会让家长对他们刮目相看，同时也很想知道家长是不是像文洁老师所说的，也发生了改变。

除了 5 个孩子的家长有特殊情况外，其他孩子的家长都陆续到了营地，大约有一半是父母都来了。那么多家长能够来到营地，首先得益于老师与助教前一段时间与家长们的汇报与沟通，也得益于孩子们的坚持，但最重要的因素还是家长们自己主动想来，因为这段时间看到孩子发生变化后，他们内心充满了惊喜与期待，同时也一直在自我反省。

让孩子们感到高兴的另外一件事是，很多家长给大家带来了他们的家乡特产，老师和孩子们都有份。我爸妈千里迢迢开车来到北京，就是为了方便装老家的特产，车的后备厢塞得满满的。

至于家长与孩子们见面时的情景，可以说是一言难尽。有的父母见了孩子又搂又抱；有的则是摸摸头，拍拍肩膀；有的是笑着，打量着，问这问那的。我爸妈比较奇葩，见了我竟然变得有些拘谨，说话客客气气的，表情也不太自然。

按照计划，结营时的家长课是两天半的时间。对于家长来说，能抽出两天半时间到营地是一件很不容易的事情。丁总已抵达营地，要与家长们作一次面对面的沟通。根据以往的经验，最后几天无论是对于家长还是对于孩子，都是至关重要的。

家长来营地后的两天半时间是这样安排的：第一天上午是由全国妇联家庭教育专家杨雨虹做"青少年心理问题及对策"的讲座，下午由文洁老师、郝教官向家长汇报孩子们在营地的情况，与家长们一起分析孩子的问题，以及如何改进与提升。第二天上午是家长沙龙，家长们一起交流和探讨自己的心得体会和育子之道，下午是丁总与家长们面对面。第三天上午是观看结营仪式，见证孩子们的成果与成长。

第 19 天和第 20 天，孩子与家长都是分开活动。孩子们排练节目，给父母写信；家长们按照营地的安排，在另一个会议室闭门学习和讨论，但他们在餐厅吃饭时可以见到孩子。

吃饭时我爸妈都会将他们闭门学习的内容向我通报，同时会谈他们的感想，好像我是他们领导似的，这种情况让我很不适应，我觉得有些怪怪的。

## ❀ 育子之道与最佳时机

杨雨虹老师是国内著名的青少年教育专家，过去30多年里，她著作等身，在全国各地巡回演讲3千多场，深受家长们的欢迎。

那天她在营地的讲座带有科普性质，主要讲到青少年心理问题的发生、发展与表现形式，不同年龄阶段的教育重点，家庭氛围及父母言行对孩子的影响，青少年不同心理问题的典型案例及预防与纠偏等。

杨老师说，在过去30多年里，她每天所思所想的都是青少年的教育问题。她说，几乎每天都能看到有关青少年自杀的新闻，都是因为一些很小的事情，比如说被老师批评了，某次考试没考好，被父母打骂了，失恋了，跟同学闹矛盾了。至于自残的、离家出走的、偷盗抢劫的，就更多了。很多家长说，孩子小时候很乖，后来不知道怎么就变了。有的变得阴沉古怪，有的变得蛮横无理、为所欲为。

但杨老师说："每个孩子的变化都有一个过程，是有章可循的，是渐变，而不是突变。今年来营地的孩子都是处于初二到高二之间，正处于青春期。孩子们进入青春期以后，甚至是成年以后的性格和行为都可以追溯到6岁以前。6岁以前是问题的发生期与潜伏期，集中爆发是在12～18岁之间。

"人的认知在形成以后一直可以改变，但性格形成以后很难改变。家庭教育的最佳时机是孩子在零到六岁期间，可以说是越早越好。进入青春期以后，心理问题可以通过正确的教育得到矫正，但 21 岁以后基本上就改变不了了。

"有教育专家说，童年是一个黑匣子，童年的秘密远远没有被发现。一个人日后是幸福还是不幸，人生是成功还是失败，都与童年的经历有关。这是有科学根据的。很多家长不懂得这些，看到孩子 12 岁后变化很大，就一下子蒙了，完全不知道怎么回事，不知道如何应对。

"他们不知道孩子在零到六岁期间的教育是关键，觉得孩子那么小，什么都不懂，只要吃饱穿暖，不生病，不出意外，就可以了。殊不知，这个年龄段的孩子最需要父母的爱抚与陪伴，最需要温馨的家庭氛围。如果缺少这些，就容易产生不满足感，从而长大后会产生烦躁、敏感、神经质等性格障碍。

"很多父母在孩子小的时候工作压力大，夫妻关系紧张，教育孩子简单粗暴，既没有耐心，也没有方法。有的父母由于工作忙，直接让爷爷奶奶或姥姥姥爷照顾孩子。还有些父母没把孩子当一个独立的'人'看，而是当成一个可以任人摆布的物件，或者想捏成什么样就是什么样的橡皮泥，随意打骂孩子，给孩子留下沉重的心理创伤和阴影。

"当家长发现孩子的心理或行为有问题了，第一反应不是从自身找原因，而是会说，'现在的孩子都怎么了？'，一上来就把问题推到孩子身上，有的父母还会怪学校，怪老师，怪社会，很少主动自觉地反省自己，总是自我感觉良好。

"中国的父母对孩子的教育大都很随意，想当然，好像这是一件很简单的事情。大部分父母都没有接受过科学的训练和正确的育儿知识培训，他们犯错误是注定的。最好的教育是帮助孩子成就他自己，而不是用自己的标准或模板来培养孩子。

"现在家庭非常注重孩子的智力发展，在智力教育方面的投入可谓不遗余力，却往往忽视了孩子心理方面的教育，比如情感、言语、社会性、认知、观念和独立性发展等。有些虽然家长重视，但在实际操作中却不得要领，等到孩子进入青春期，开始叛逆，管不住的时候，才后悔莫及。

"孩子在 0 ～ 18 岁期间都需要家长的精心抚养。这期间又可以分成几个阶段，有的说分 3 个阶段，有的说分 6 个阶段，不管怎么分，家长必须了解，必须弄清楚每个阶段孩子发育和成长的特点。

"刚才说了 0 ～ 6 岁是教育的关键期和黄金期。如果父母在这个阶段重视了，教育方法对了，后面会事半功倍。等到青春期出了问题再去纠偏，难度会大很多。但作为父母，难度再大也得管。本来早期教育就错过了，长大了再不管不问，或继续采用错误的方法，那孩子可能就没救了。"

杨老师的课引起了家长们的强烈反响，家长们向她请教了很多问题，涉及孩子成长的方方面面，问得最多的还是过去没有教育好，现在应该怎么补救？还来得及吗？家长怎么做才能算得上一个合格的家长？杨老师对于这些问题都做了令家长们满意的解答。

我问他们向杨老师请教了什么问题，我爸说，他问杨老师是否有类似 21 天好习惯播种营的家长夏令营。杨老师回答说好像还没有，但有不少地方开办了家长课堂，或家长学校，但办得好的不多。

杨老师的讲座打开了家长自我反省和自我教育之门。如果说孩子入营后的这段时间，家长们若有所悟的话，那么杨老师的讲座则是开门见山，直指中国家长身上普遍存在的突出问题，从专家的视角进行了分析，指明了方向。

由于一针见血，直指问题实质，棒喝之下的家长们有种茅塞顿开之感。这也为文洁老师和郝教官下午与家长们的交流做好了铺垫。

这次交流主要是文洁老师和郝教官向家长们汇报训练营的理念与实操成果、孩子们在营地经历的成长与变化，以及孩子们离开营地后的追踪与巩固。这次交流以汇报为主，涉及的问题都是共性的。家长们的感想与意见及各家庭孩子个性化问题的交流都放在了第二十天上午进行。

为了这次汇报，文洁老师专门做了个 PPT。在正式汇报前的开场白里，她提道："上午杨老师讲到了孩子成长的几个阶段。她说零到六岁是关键期，如果错过了，后面纠偏的难度会大一些。今年来营地的孩子年龄在 15～17 岁，都处于青春期，问题比较多。这些问题可以分为两大类，一类属于比较严重的，另一类属于轻微的。

"问题比较严重的主要表现为严重叛逆、焦虑与抑郁，有的甚至有自杀、自残倾向。按美国精神病医生马克·郭士顿的说法，这类孩子统属于'八无孩子'——无望、无助、无力、无用、无价值、无目标、无意义、无所谓。

"问题轻微的也可以归结为几大类——无梦想、无目标、无自信、无良好习惯、无正确学习方法、害怕与人交往、不会情绪管理、与父母关系紧张、不懂感恩、厌学、网瘾、拖沓等。青春期的孩子们身上多多少少都会存在以上这些问题。出现问题了，家长们也不要过于恐慌和着急，要冷静分析，沉着应对。

"我们开办的 21 天好习惯播种营就是纠偏的。按杨老师的说法，属于亡羊补牢，查漏补缺。表面上，我们是在训练孩子，给孩子纠偏，但我们一直在顺藤摸瓜，追根寻源，努力从孩子的问题追溯到家长的问题，同时对家长进行纠偏，这才是根本。这就需要家长全程参与和配合，这也是我们要求所有家长结营时来营地的原因。

"今年一共来了 48 个孩子。关于每个孩子的具体问题，我们的助教老师都向各位家长反映过了，在这里我不一一列举了。虽然我刚才说孩子们的问题比较多，但有问题并不可怕。我知道很多家长对孩子身上出现的问题感到恐慌，却又束手无策，往往会将这些问题夸大，甚至将孩子妖魔化、脸谱化。这无形中将孩子推向反面，推向深渊。

"其实，在多年与孩子打交道的过程中，我们发现孩子都是单纯的，本质上都是很好的，根本不像大人说的或想象的那么坏。只不过是他们都因被伤害、被误解、被压制而压抑了自己，或者是戴上了一副面具，披上了一层盔甲。他们其实很脆弱，一直在等待着父母的关爱与理解、表扬和肯定。

"孩子们来营地一般都会经历四个阶段：不适应期、观望期、渐变期和突变期。但所谓的突变，也是在某一点或某几点。越到最后，这种突变越是随时有可能发生，包括最后这两三天。

"当然，也并不是所有孩子都会有这种突变，有的孩子可能会滞后，从表面上看，可能一时还看不出来有明显的变化。但大家不要灰心，要相信我们，这个 21 天对所有孩子来说都是特别的，都会留下深刻印象，可能他们的变化会晚一些，但会更深刻。

"还有一点各位家长要特别注意，就是每个孩子都是独一无二的，要教育好自己的孩子，一定要了解自己孩子的性格和天赋，因材施教。在我们这里也一样，我们所有训练都会兼顾个体差异，不同的孩子用不同的方法。

"总的来说，营地采取的是'境教'的方式，就是创造一个特定的环境，尽可能穷尽所有能够促进孩子成长与蜕变的方法与手段。只要孩子来到营地，这些方法和手段，总有一些能够给他们带来决定性影响，对此我们坚信不疑，只是时间早晚的事情。在此基础上，我们也会兼顾个体差异。

"除了个体差异之外，对于不同阶段、不同场景，我们也会采用不同的方法。循序渐进很重要，训练内容和方式要恰逢其时，恰到好处。

"我们为每个来营地的孩子都建立了成长档案。孩子离开营地并不代表我们的工作已经结束，我们还会继续跟踪，与家长们一起巩固营地的训练成果，同时也会督促家长补课，给他们推荐书籍或文章，帮助他们查找以往的教育失误对孩子造成的伤害以及带来的不良影响。

"一定要充分信任孩子，多关注孩子的优点和进步，及时赞扬和鼓励。大家都应该听说过罗森塔尔效应。美国心理学家罗森塔尔到某个学校考察，随意从每个班抽 3 名学生，共 18 人，将这些学生的名字写在一张表格上，然后交给校长。他极为认真地说，这 18 名学生经过科学测定都是智商型人才，潜力很大，前途不可限量。半年后，罗森又来到该校，发现这18名学生的确长进很大，再后来这18名学生都在不同的岗位上取得了非凡的成绩。

"这个实验对我们中国家长特别有借鉴意义，因为中国家长不太注重表扬和肯定孩子的优点和进步，而是偏爱批评和压制，总喜欢盯住孩子的缺点和不足不放，抬高别人的孩子，贬低自己的孩子。没有鼓励和关爱的孩子怎么可能进步、成才？怎么可能不出现心理问题？"

接下来，郝教官走向讲台，汇报了训练营的课外训练情况。他说，他与文洁老师各有分工，他的主要任务是教室以外的训练，包括内务卫生、营地纪律、晨练、外出参观、集体游戏、财商训练等。他说，所有这些都如文洁老师所说，都是经过多年打磨成型的内容，总体上按设计好的流程走，具体执行过程中也会兼顾个体。

郝教官介绍了营地管理与训练科目，特别强调家长一定要训练孩子的自我管理能力。他说现在的孩子普遍比较任性和散漫，家长要多放手，让孩子自主锻炼生活能力，担当一些事情，延迟满足孩子的愿望，让孩子通过自己的努力获得回报。刚开营的时候，孩子们的自我管理能力很差，现在所有活动基本可以做到自动自发，统一行动，令行禁止，这些也都需要家长们在日后帮助孩子们进一步巩固和加强。

## ⊛ 家长们的反思与觉醒

第19天晨练的时候，郝教官对孩子们说，为了欢迎家长来营地，晚上准备在运动场搞一次烧烤。刚开始听到这个消息时，大家还都挺兴奋。但江晓婷说，我们的节目还没排练好呢，还是排练节目要紧吧。此言一出，大家立马附和，烧烤计划就此"流产"。

对于孩子们的汇报演出，家长们都很好奇，他们刚来营地就纷纷提出要去观摩，但这一要求遭到全体孩子的一致反对。家长们还不死心，趁吃饭时间向孩子们打听排练情况，结果都碰了一鼻子灰。孩子们早已达成了共识：在正式演出前"严防死守"，不能让家长知道有关节目的丝毫信息。

还有一件事情是孩子们向家长保密的，那就是写给家长的一封信。大部分孩子都写好了，一部分孩子还在写作中。写好信的孩子也没有立马交给老师，他们想等到最后时刻亲手交给父母。

家长们很快熟络起来。他们为了同一个目标来到营地，同时面临类似的问题与困惑，又经历了类似的感悟与觉醒，很容易有共同语言。当天晚饭后，一直到深夜，他们都三三两两地在运动场上逗留，或坐，或站，或溜达，深入交流育儿心得，大家都找到了知音，都有不小的收获。

第 20 天上午的活动是家长们的专场，这场活动相当于一次家长们自由讨论的沙龙。教室被布置成上次孩子们开总结会时的椭圆形，家长们相对而坐，文洁老师和郝教官分别坐在两端。

文洁老师说："刚才有家长告诉我，昨天晚上大家在运动场上聊得很晚，聊的都是孩子的事，也都进行了反省，非常好！家长必须与孩子同步成长，否则我们的一切努力都是白费的。这也是孩子们最关心的问题，他们担心他们变化了，大人还是老样子。"

文洁老师的开场白引来了家长们会意的笑声。一位家长接话说："我们不会让孩子失望的。小文老师，我们做得不好的地方，您尽管批评，多么猛烈都没事，都是为了孩子。我们需要'刮骨疗毒'！"

这位家长说得挺真诚，他激动的样子和夸张的语调引来哄堂大笑。

文洁老师也笑了，说："这位家长态度很好，但今天不是批斗会，是研讨会。教育孩子是件大事，也是件难事，我们一起集思广益，来一场头脑风暴。"

当天上午的家长课堂气氛非常活跃，所有家长都发言了。每个家长都结合自身的问题，从不同的角度，谈起教育孩子的经验体会与缺失。据我爸妈后来讲，这次活动胜过他们听过的任何家庭教育讲座和看过的任何亲子类书。有那么多家长面对面、推心置腹地交流，这样的机会是他们以前从来没有过的。

虽然谈到了自己的观感，但我爸妈并没有向我提起他们在家长课堂上说了些什么，我当然也不好多问。但我后来还是忍不住向文洁老师打听了一下。文洁老师说，那天我爸第一个发言，说得还挺多。他说他在教育孩子方面是一个失败者。他说他对我的培养和教育留下了太多遗憾，犯过了太多错误。

他总结了三条原因：一是在我很小的时候将我放在乡下，让爷爷奶奶带大，错过了最佳的陪伴和教育期，而且隔代抚养也有很多问题；二是把我从乡下接到城里后，忽视了我的心理落差带来的精神危机，以为物质上的满足可以提高我的自信心，弥补我精神上的空虚与不适应，结果适得其反；三是当他们发现我的问题越来越严重时，采取了简单粗暴的处理方式。

他总结说，之所以会出现这些问题，主要是自己文化水平低，又不爱学习，自以为是，自己做生意还算成功，手下管理着两三百个人，总觉得教育孩子是小菜一碟，没什么难的，以至于犯了很多错误，却丝毫没有感觉。他还说，如果不是因为我来参加这个训练营，他可能还无法认识自己的问题。

他说，我不爱学习、乱花钱、喜欢招摇的坏行为，他都知道，也没太当回事，因为他自己小时候也不怎么安分，心想这可能算是遗传吧。可是后来他发现，我不仅惹是生非，还染上了江湖气。

夫唱妇随，我妈接着我爸的话也进行了检讨，基本上并没有太多的新意。但她特别提到我在营地的变化让她感到很意外，她说她要好好向文洁老师请教，也会跟我好好聊聊。

我爸妈的话引起了秦阳爸爸的共鸣。秦阳爸爸接着说："雷总说得很坦诚，反省也比较深刻。我现在认识到，家庭教育是否成功与父母的学历与职位的关系好像不大，很多普通家庭甚至是贫困家庭的孩子，长大后都很有出息，各方面都发展得很好。我和秦阳妈妈都是博士毕业，现在都是名牌大学的教授，但一样没有把孩子教育好。

"我们的问题在于想当然地认为，我们的孩子应该比我们更优秀，至少不能比我们差。一旦发现他成绩下降了，甚至是某一次考试没考好，我们就不能忍受。我们没有体会到秦阳在我们这种高期望值下要承受多大的压力。秦阳后来完全崩溃了，我们也跟着崩溃，一家人都从高处滑落到低谷。

"跟雷霆的情况一样，有些问题我们也是后来才发现的。刚开始的时候，秦阳的表现是害怕上学，一到学校就心慌、头晕、胃疼、肚子胀，一到节假日就正常，后来我才知道这叫'恐学症'。

"有一次我们无意中发现了他写在日记上的一段文字，顿时觉得天要塌下来了，他说，每次成绩下滑，他都会偷偷在自己的腿上留下个记号，就是用小刀划一道口子。从那以后，我们便不再逼他了。但我们的做法给孩子带来的伤害和阴影很难消除。我们作为教育工作者，在教育孩子方面，竟然是失败者，真的很惭愧。"

## ❀ 严厉管束与娇生惯养

"跟刚才两位家长说的情况一样，有很多东西是我们没有想到的，我们自以为我们的教育方式很好，出发点也是好的，但结果不好，甚至是南辕北辙，适得其反。不同的是，我们家的段云龙一直都是比较听话的，我们也没有对他抱有那么高的期望，只是希望他不要出事，健健康康的就行。"说这番话的是段云龙的妈妈，一位哈尔滨市三甲医院的主任医师。

段云龙妈妈说："说起来我们对云龙的要求并不高，但在具体做法上，我们可能还是有些过分。我是医生，他爸爸是检察官，我们都是各自行业里的专家。我每天都接触病人，对饮食起居、养生保健比较重视。云龙爸爸每天与各类案件的当事人打交道，对社会和人性的阴暗面了解比较多。

"我们就这么一个儿子，就是希望他能健康成长，身心正常。可能是由于爱子心切，加之满脑子专业知识和负面的东西，生怕孩子沾染上了坏习气，就对他严加看管。这种看管从云龙一出生就开始了。

"助教老师跟我们沟通了云龙对我们的吐槽，以及他在营地的表现。从他对我们的吐槽中，我们真正认识到了我们做得过分了，这种管教超出了孩子的承受能力。我们从他小的时候就管束很严，形成了惯性，已经收不住了，等他长大，我们又不断加码，最后他的神经终于断裂了。最后他选择退学，我们一时还无法接受，事后想想这是必然的结果。好在他只是退学，没有做出其他过激的行为。这段时间我查阅了很多资料，发现父母管束过严，导致孩子走向极端的恶性事件每时每刻都在发生。

"我们之所以把他送到这个训练营，是做过一些调研的，这里采用的方法与我们的方法截然不同，我们就想试试，没想到他同意来。虽然刚来的时候他不太适应，我们很庆幸他坚持下来了。我听文洁老师说他变化很大，他能遇上这样的训练营和这样的老师，真是不幸中的万幸。

"云龙退学后的几个月里，我们天天反省自己。我们发现问题就出在我们以家长为中心，自以为一切都是为了孩子好。孩子就得无条件接受，不接受就是孩子一时不懂事，不理解父母的良苦用心，长大后慢慢就会懂了。殊不知这一切都是我们大人一厢情愿的逼迫。

"我觉得像我们这样的家长应该很多，出于爱护而过度干预孩子的生活，剥夺了孩子自由的发展空间和自我选择的权利。用云龙的话说，他感觉自己就是一个犯人，一只笼中小鸟。"

段云龙妈妈因有切肤之痛，语言很真诚，语调有些沉痛，戴昕爸妈边听边点头。段云龙妈妈说完，戴昕爸爸马上接着发言："云龙妈妈说的这种情况的确很常见。我们也存在这样的问题，就是包办孩子的事情。不同的是，我们不是严厉管束，而是娇生惯养。

"我们家戴昕的毛病是从小被她爷爷奶奶、姥姥姥爷宠出来的，但我和她妈绝对也有责任，因为我们一直袖手旁观，甚至采取放任和纵容的态度。常言道，'女儿要富养'。虽然我们不是富贵人家，但家庭条件还算过得去，又是六个大人娇宠一个孩子，自然会出问题。只是有些问题开始并不明显，后来就越来越不对劲儿了。

"我们感觉应该锻炼锻炼她。这次把戴昕送到这里来，我们也顶着很大的压力，她爷爷奶奶、姥姥姥爷都是不同意的。我们事先也没有跟戴昕说实话，只是说带她出来旅游，先去了烟台和青岛，后又去了天津和北戴河，最后把她送到营地报名处，说让她跟这些孩子们一起玩玩，过几天我们来接她，然后我们就回去了。这相当于是我们把她骗到营地的。

"一开始我们也很担心，怕她在营地出事儿。我在网上看到过一条新闻说，有一个女孩从小娇生惯养，后来父母要把她送到国外读书，她因害怕出国后无法独立生活，竟然跳楼自杀了。

"戴昕刚到营地的时候天天哭，搞得我们心里一直七上八下的，就跟文洁老师说让助教多陪陪她。前三天营地晚餐后，我和她爸就跟她视频聊天，哄她，逗她开心。还好，后来她慢慢地不哭了，跟大家一起玩得还挺开心，学会了洗衣服，整理床铺，还能当店长、卖东西，我们没想到这些她都做得挺好。"

## ⊛　全是由爱生怨，再由怨生恨的故事

　　"如果不到营地来，我真的不知道我自己的所作所为给小虎带来那么大的伤害，也不知道还有那么多的家长跟我一样，对自己教育的不当和缺失一无所知。"贾小虎的妈妈说道。

　　小虎妈妈感慨地说："现在看来，很多家长跟我一样，对孩子的很多事情是全然不知，或者是一知半解的，因为很多事情孩子们不会跟我们说，就算是说了，也并不一定是真实的。我们家小虎跟我像'仇人'一样，从来不愿跟我多说，也烦我问他。如果不是这次来营地，很多事情我可能一辈子都不会知道。比如说，他对我管教他的方式极其反感，对我不让他画画的事非常伤心，对我将他的一缸金鱼摔死悲痛欲绝，因为那是他的最爱。我完全不知道也正是因为那次我将他的金鱼摔死，他才对我绝望，完全跟我对着干。从那以后，我也感觉他彻底变了，根本都不愿与我沟通，一张口就是'滚蛋！''离我远点！'，要么直接摔门出去。

　　"这段时间我想了很多，刚才又听了几位家长的发言，我觉得我挺可悲的。这都是由爱生怨，再由怨生恨的故事。我们都爱自己的孩子，结果却反目成仇。

　　"小虎来营地后的变化让我看到了希望，教育孩子还是要采用正确的态度和方法。我们这些当家长的可能都太心急了，急于让孩子快点考出好成绩，懂得我们大人懂得的那些道理，养成各种好习惯，可是我们并不愿付出时间和努力，甚至很多方面自己都没有做好。由于急于求成，看孩子哪里都不顺眼，结果走向两个极端：严加管教、非打即骂，或百般娇宠、大包大揽。

213

"我现在终于有些开窍了，孩子的成长是有周期的，不同的孩子有不同的个性和特长，我们也不能陪孩子一辈子。很多事情还得靠孩子自己，我们代替不了，也急不得，只要我们真心爱孩子，付出时间和耐性，多陪陪孩子，孩子是能够感觉到的，是能够渐渐懂事的。"

## ✿ 父母全然不知艾弥儿有抑郁症

　　贾小虎妈妈的这番话让所有家长陷入沉思。艾弥儿妈妈紧接着说道："小虎妈妈说得太好了。我们对孩子了解太少了，自己在教育孩子方面太不专业，太马虎大意了。我们家艾弥儿是个好孩子，很听话，学习成绩也很好，就是性格有些孤僻，不爱说话，不太合群。我们以前都没有细想，没想到她这次在营地里说，她患有抑郁症。这是我和她爸完全没有发现，也没有想到的。

　　"更让我们没有想到的是她患上抑郁症的原因竟然是她认为我们偏爱弟弟，不爱她。她说自从弟弟出生后，我们的心思都在弟弟身上，说我对她越来越严厉，冷若冰霜，见了弟弟却温和慈祥，连表情、神态、说话的语音和语调都不一样，还说我们不断对她提高要求，很少表扬她，对她更多的是打击和批评。

　　"助教老师向我们反馈这些信息时，我和她爸完全惊呆了！因为真实情况并不是这样的。我们怎么可能只爱她弟弟而不爱她呢？我们一样爱啊！可她为什么就感觉我们不爱她，只爱弟弟呢？

　　"我和她爸分析来分析去，最后得出的结论是，我们对她弟弟比较放纵一些。她弟弟很小，性格上也比较活泼，喜欢缠人；而艾弥儿都上初二了，能照顾自己，学习任务重，所以一家人在一起时，我们对她就更严厉一些。这点区别，我们没觉得有什么，可是在孩子眼里和心里，变成了我们不爱她而只爱弟弟。并且她把什么都埋在心里，结果竟然患上了抑郁症！"

## ❀ 家长觉醒是训练营的终极目标

据文洁老师后来讲，那天的家长课堂非常精彩，她和郝教官根本就没有插话的机会，一位家长说完，另一位家长马上接上，完全是无缝衔接。

很多家长表示，他们完全没有想到，家长们身上存在的很多问题都是相同的。因此，一位家长的发言往往能很快引起所有家长的共鸣。

文洁老师说，此情此景正是营地想要达到的效果。家长们的发言让她非常感动，让她受益匪浅。她还说，如果孩子们知道家长们都说了些什么会有多么高兴，可是现在还不能让他们知道这些。再说孩子们眼下也顾不上别的，他们正在精心准备让家长们大吃一惊的节目。

韩梦娜爸爸紧接艾弥儿妈妈之后发言。他说："前面几位家长说的问题在我身上都存在，我们家梦娜差点让我们给毁了。很多事情也是她这次来营地后我才知道的。她说她心理不健康，根源在于家庭，因为我跟她妈老是吵架打架。

"梦娜一直是个好孩子，但我没有想到的是，她说她刻苦学习，好好表现，不为别的，就是因为她觉得我们吵架是

215

因为对她不满意，要是她足够好，足够优秀，我和她妈就不吵架了。

"她的这些话让我听了很难受。作为家长，我感到很惭愧。我完全没有想到孩子会这么想，我们更没有想到我们吵架会给她带来多大的伤害。我想当然地认为，小孩子不懂大人间的事，大人的事情跟她无关！直到梦娜在营地吐槽我们，我们才清醒。我们认识到，我们的争吵直接导致她性格孤僻和不自信，不喜欢与人交往，不相信爱情和婚姻，甚至觉得活着没意思。

"这段时间，我看了好几本家庭教育和教育心理学方面的书，才发现我们以前懂得太少了，对于教育孩子这样一个高难度的事情，我们太随意了，尤其是昨天听完杨雨虹老师的讲座，我真是羞愧难当，感觉自己太不称职。"

听到韩梦娜爸爸谈到学习，沈贞贞妈妈说："刚才几乎所有家长都说到我们对自己存在的问题以及对孩子带来的伤害不知情，或没有充分意识到，就是因为没有好好学习，没有跟上孩子成长的步伐，没有跟上社会发展的步伐。

"我也一样。我在单位是个领导，比较强势，可能有意无意间也将在单位的做派带回了家。受我的影响，我女儿贞贞在外面也总是自我感觉良好，爱出风头，争强好胜，只能占上风，不能占下风，与同学关系不好。这次在营地她跟一个男孩碰撞了一下，男孩无意中挥动一下胳膊，她就说人家故意打她脸，我还护着她，我感觉这样会对她的成长不利。现在看起来都是些小事，但长此以往肯定会出大问题。我要从我做起，逐步改变。

"前面几位的发言基本都集中在自我反省和自我批评上。

文洁老师说了，今天是研讨会，不是批斗会。我们还是多提些建设性的意见，探讨一些好的想法和做法。我觉得最好的想法和做法都在21天好习惯播种营里充分体现出来了，这是他们多年的经验积累、智慧的结晶，是经过验证行之有效的东西，我们要做的就是结合自己的实际情况学习和借鉴。"

## ✿ 先预防后调理，不能小病大治

听完沈贞贞妈妈的发言，大家都表示赞同。的确，反省和检讨固然重要，但更重要的还是如何做。实际上，很多家长对自身问题是有所意识的，育儿的大道理也不是完全不懂，就是一旦具体问题摆在面前时，还是不知道应该怎么办。

沈贞贞妈妈的提议很及时，研讨会从反省转向经验交流和落地实操上。石子义爸爸说："这个提议好，我们来这里就是寻求方法的。我个人感觉教育孩子如同中医看病，总体上要以预防和调理为主，将身体当作一个整体，系统诊断，综合治疗，最好是通过预防让人不得病，得病了先调理，不能不管，但更不能小病大治。调理和开药时，也是千人千方。

"为了戒掉石子义的网瘾，我们想了很多办法，但都没有效果。我在一档电视栏目里看到一位长沙少年参加节目后，成功戒掉了长达3年的网瘾。但这也是个案，这种方法对这位少年管用，对其他有网瘾的孩子并不一定管用。我们自己也试过这种方法，但是失败了。

"这次我来到营地后，子义跟我说，他对网络游戏已经完全没有兴趣了。他现在都不明白，为什么前两年对游戏那么痴迷，完全像是掉进一个陷阱里一样。他说，在营地的

20 来天里，他听到的和看到的一切都在把他往陷阱外面拉，同时也给了他爬出陷阱、重新开始的动力。

"刚才贞贞妈妈说到最好的想法和做法都在训练营里找到，因为这是多年的经验积累和智慧的结晶，是经过验证行之有效的东西，我非常认同。过去的这段时间，我一直在观察和研究营地的训练，我发现营地的训练内容几乎囊括了所有正能量的因素和正确的教育方法，相当于一个育儿宝典，是引领我们家长的样板，对我们具有示范意义。"

江晓婷妈妈接着说："完全同意贞贞妈妈和子义爸爸的意见。在前两天的营地总结会上，所有孩子都谈到了自己的收获和体会，几乎每个孩子都提到营地的哪项训练、哪个环节，甚至是老师说的哪句话打动了他们，给了他们启迪，对他们的变化起到了决定性作用，这些都是营地训练的重要价值所在。他们提到的只是比较重要的，因为只是一次总结活动，孩子们不可能把对他们产生影响的所有细节都说出来。但我相信，营地的价值远远不止孩子们说的这些。

"文洁老师也说了，营地的这个 21 天只是一个引子，相当于一次全新旅程的开启仪式，其中的训练内容也只能起一个示范作用。这相当于是给我们家长布置了作业，等待我们在日后完成。"

张雅丽妈妈说："是的。孩子回家后，我们家长需要有一个全新的姿态。既然我们知道了以前的过失，也进行了自我反省和检讨，那么就得落实到实操上。我们看营地老师进行训练好像很顺利，短短 21 天就能让孩子们发生那么大的变化，但要知道这是营地老师们探索了多年，汇集了许多教育专家和家长们的意见，经过多年实战之后总结提炼出来的东西，他们采用这些方式方法已经得心应手，但这并不意味着我们可以拿来就用。这需要我们消化吸收，将这些方式方法化为自己的东西，再结合自己和孩子的实际情况，活学活用。

"另外，老师与学生本来就是一个天然的教与学的关系。孩子更容易听老师的话，而不愿听家长的。因为家长不是老师，加上家长喜欢唠叨，一天到晚反复说那些话，孩子会越听越烦。更重要的是，很多家长与孩子的关系长期紧张，双方心里都有成见，双方互相伤害过对方，留下了一些阴影。对于我们家长来说，要想重新开始，不光需要勇气，更需要智慧。"

## ❀ 家长需要全新姿态

经韩梦娜爸爸提议，江晓婷妈妈和张雅丽妈妈的发言将话题引向实操层面。有感于训练营的神奇效果，家长们对训练营的课程和训练进行了条分缕析的梳理。

秦阳妈妈说："营地训练起承转合，每个阶段的内容都有一定的针对性，产生的效果是不一样的，这说明教育孩子需要掌握时机，不同的阶段需要不同的方法。还有一位家长说，营地的训练采取的办法是多管齐下，综合治理，这说明教育孩子不是一件简单的事情，不是靠某一招或某几招，家长要有十八般武艺，而且需要开动脑筋，不断学习，理念和方法也都需要推陈出新。"

段云龙爸爸说："营地训练的很多内容是集体性的，借助了团队的影响力，孩子们回归到家庭之后，又是家长单独面对孩子，环境不一样，营地里的一些训练内容在家庭无法实现。家长们需要集中研究和剖析营地训练项目，精选适合自己的内容，更多的是需要领会训练营的宗旨，并可以在此基础上自主研发对路的方式方法。"

　　所有家长都提到了学习的重要性。宋佳妮妈妈说："说到学习，我们一般很少想到是学习家庭教育方面的东西。但从营地训练项目来看，家庭教育涉及的内容是非常广泛的，而且很多是很专业的。就拿昨天杨雨虹老师讲解的育子知识来说，很多东西我以前是闻所未闻的，比如她说，孩子的多动症和咬指甲可能是缺铁、缺锌，也有可能是因为孩子在出生时是剖宫产影响的，并不一定就是孩子没有养成好习惯；有的孩子出生时太快、太顺利，没有经过挤压的痛苦，触觉没有被唤醒，后面跟其他孩子打闹时，下手时可能会没轻没重，伤着别人；还有童年被人欺负过的孩子会特别关注别人怎么评论他；等等。尤其是她讲到的零到六岁是教育的关键期，以前真的不懂，要是早点懂得这个道理，我肯定会做得更好。"

　　高畅妈妈说："我特别认同教育孩子如同中医治病，需要望闻问切，摸清病因，找准病灶，然后才能对症下药，辨证施治，千人千方。现在问题是很多家长都是庸医，不懂这些道理，徒有医生之名。他们更像暴君，居高临下，掌控孩子一切，不尊重孩子人格。孩子处于弱势，他们的喜怒哀乐可能不会表现出来。即使流露出来，也很容易被家长忽略。一旦家长发现孩子身上的问题，往往直接怪罪孩子。"

　　黄媛媛妈妈说，她看到一本书上说，家长一定要懂得一些教育心理学知识。比如说，孩子很多时候捣乱、叛逆是在争夺爱，是在抗议自己没到得到足够的关注。而如果家长不胜其烦，对孩子进行打骂和训斥，孩子一次次被冷落、被伤害后，便不再期望得到父母的关爱而转向其他地方，越来越偏离正道，以致再也回不来了。一旦遇上同类，他们便将其引以为知己，一起滑向深渊。

## ❀ 从理念到实操

家长们从落地实操谈到具体案例，大家的思路更开阔，话题更广泛了。

一位家长说："现在每天都可以看到孩子出问题的消息，觉得特别恐怖，每天都提心吊胆、如履薄冰。身边亲戚朋友的孩子也有出事的。朋友有一个孩子，我看着他长大的，小时候挺懂礼貌的，现在变得很怪异，一说话就急，常把'不要你管！''少废话！'等挂在嘴边，跟父母说话时脸上永远是不屑和鄙弃，甚至骂骂咧咧，出言不逊。"

一位家长立马附和："是的。我朋友的女儿辍学半年了，在社会上瞎混，她说朋友比爸爸亲多了，她跟爸妈不是一个时代的人，没法沟通。"

还有一位家长说："这些都不是极端的，我认识一个身体健壮、个头比父母都高的孩子，有一次他在跟父母吵架时突然失控，和父母恶言相向。还有一种表面很正常但心理扭曲的孩子，也很可怕，因为这种孩子爆发前没有征兆。"

另有一位家长接话说："孩子们有时分不清好坏，有时会将坏孩子当作榜样。某个富家孩子因为出手大方，施以小恩小惠，就可能会吸引一些孩子为他两肋插刀；一个外形俊朗、嗓音不错的恶少有可能会成为很多孩子的偶像；为了得到某款手机、某个名牌包包，或者是玩游戏没钱，有的女孩会出卖自己，有的男孩会去偷去抢；还有的孩子为了达到目的，或仅仅是为了满足自己的虚荣心，满口说谎话，张口就来。"

## ❀ 文洁老师讲的案例很像段子

整个上午，基本轮不上文洁老师和郝教官说话。将近60位家长争先恐后地发言，畅所欲言，气氛热烈，交流充分。

看大家说得差不多了，文洁老师插话道："我也给大家讲两个案例吧。有个孩子在学校打人了，老师叫来家长，家长上来就给孩子一个耳光，还厉声训斥，'我在家怎么教育你的，谁让你打人了？'"

文洁老师讲完，家长哄堂大笑。

文洁老师接着说："还有一个家长给孩子买了一个很贵的手机，老师问他买那么贵的手机干吗，不要让孩子追名牌，重物质，要比的话，就引导孩子与同龄人比品德，比成绩。这位家长说，给孩子买个好手机，他能做到，让孩子有好品德和好成绩，他做不到。"

文洁老师讲完，一位家长说："这两个案例好，很能说明问题，可能是真事，但怎么听着像段子？"

此言一出，家长们笑得更欢了。

我爸这时向文洁老师提了一个问题，也算是代表家长提问的。他说："文洁老师，您和郝教官能不能给我们讲讲训练营的来历，和你们的故事？"

我爸说完，所有家长热烈鼓掌。文洁老师说："关于训练营的来历还是等丁总下午跟大家讲吧，我们可以讲讲我们自己。"

## ⊛ 文洁老师转型做教育的经历

一阵经久不息的掌声之后，文洁老师说道："8 年前，我是一名高中语文老师，当时我大学刚毕业不久。刚才大家讲到自己孩子的问题，亲戚朋友孩子的问题，还有新闻媒体报道中孩子的问题，这些问题确实很普遍。刚开始当老师时，我接触到的孩子就有类似的问题。

"在随后的 3 年时间里，我接触和听到过的有关问题越来越多，而作为老师，我却无能为力，这让我感到很沮丧，也很着急。有一次，我的一个学生因玩游戏与父母吵架，一气之下竟然自残！这件事让我十分震惊。

"这个孩子平时并不是一个调皮捣蛋的孩子，在学校表现很好，与同学的关系也不错。他父母都属于工薪阶层，对他也很少打骂。没想到他竟然做出如此过激的行为。发生这件事情后，他父母完全崩溃了，他自己也很后悔。

"我后来问他为什么做出如此离谱的事。他说他觉得活得没意思，父母也不关心他。

"这个孩子的事情对我触动非常大。我开始不断地找一些孩子以及孩子的家长聊天；我开始大量看书，在网上查阅案例，报名参加清华大学的教育心理学课程。我越学习越感觉到，有些事情看似离奇，但其实都是有前因后果的。表面的荒诞背后，往往隐藏着残酷的真相。

"在我自己有了孩子后，我就更加有了紧迫感。我必须找到正确的育子方法，以免耽误我儿子的成长。一次上网查资料时，我偶然看到训练营的介绍，这让我眼前一亮，这里面提到的教育理念与方法正是我一直要寻找的。那一年的夏天，我报名到营地当助教，就此与习冠教育公司和丁总结缘。

"我接连 3 年夏天都来营地，后来带上我儿子一起来。再往后，我辞掉了老师的工作，成为训练营的主讲老师，到现在是第 4 个年头了。几年里，我带过的孩子差不多有 1000 人，随着经验的不断丰富，课程和训练内容也跟着不断升级，孩子和家长们也教给了我很多东西。虽然道路很艰难，很曲折，但我感觉很充实。每当我看到孩子们在成长，看到家长们惊喜的表情之时，我就觉得我有存在的意义与价值。好了，我就说这些，郝教官说说吧。"

## ✿ 郝教官为什么留在了营地

文洁老师说完，家长们热烈鼓掌，然后将目光投向郝教官。郝教官说："我比文洁老师早两年来公司。我父亲跟丁总是朋友，所以五年前我从部队退役后，他让我跟着丁总干。碍于情面，我想先过来暂时干一段时间，因为当时对这个工作并没有太大兴趣，但有一件事让我决定留了下来。

"那是我开始带第一个训练营后不久。济南的一位家长在微信上跟我了解训练营的情况，想给他女儿报名。我当时来营地不久，对这里的情况了解不多。可能是他女儿不愿来，也可能是我的介绍没能打动这位家长，还可能是别的什么原因，结果这位家长迟迟没有给女儿报名。有一天家长给我留言说，他女儿走了。刚看到留言，我还一头雾水，后来才知道是他女儿跳河自杀了。

"这件事对我刺激很大。如果我更上心一些，对训练营的情况了解更多更细一些，多跟那位家长说说，那位家长是不是就会报名，那个女孩子是不是就不会走上绝路了。尤其是当我带了第一个营，发现孩子们的变化后，我就越发感到自责，同时感到这个训练营是一个能给很多家庭带来幸福和希望的地方。就这样，我留在了营地，一直坚持到了现在。

"刚开始的时候，家长们对训练营不了解，不认可，不相信。慢慢地，一些家长尝试着把孩子送来，并在自己见到效果后介绍亲朋好友的孩子来，就这样口碑相传，来这里的孩子越来越多。"

## ❀ 父母是孩子的灯塔

第20天下午，结营前家长们的最后一场也是最期待的一场活动，是北京习冠教育创始人丁总来营地与家长们见面。家长们都期待与丁总进行一次面对面的深入交流。

按照惯例，丁总在这个场合主要是向家长们汇报一下公司的基本情况，分享他的一些研究成果与心得，听取家长们的意见与建议。

可是这一次，在他汇报与分享的过程中，家长们中间几次插话，将活动引向他们更加关注的方向。

丁总分享了他的难忘经历。他说，有一年，中国南方发生洪涝灾害，他作为志愿者前往灾区救援，做一些后期保障和运送物资之类的工作。

有一天，一个灾民临时安置点的厨师病了，他主动报名前去顶替，给安置点灾民做饭。他去了后才知道，那个安置点的帐篷里全都是学生。做饭的间隙，他掀开帐篷一角，看到潮湿地面上正在睡觉的孩子。这些孩子满身泥水，一些孩子身上带着伤，脸上挂着泪；还有的孩子在睡梦中因受到惊吓，身体一次次地抽动。

丁总说他当时眼泪忍不住一直流。也就是在那一刻，他仿佛听到一个声音在对他说："帮帮孩子们！孩子们需要你！"说起来很奇怪，那个场面和声音从此一次次地出现，促使他转型做教育。

公司刚起步时做校外学科辅导。开业不久，丁总就发现这个方向不对，因为他的初衷是帮助孩子，结果却加重了孩子的负担，让孩子更加不快乐。他于是苦思冥想，又遍访名师，决定主攻记忆力与学习方法培训，刚开始吸引了大量的家长和学生前来学习，但过了一段时间之后，家长和学生的兴趣减弱，因为很多学生在参加培训期间进步很快，效果明显，但回到家里和学校之后，便将学到的东西抛之脑后了。看来要想让培训效果持续发扬光大，还得养成良好习惯，而养成习惯需要家长的参与，家风建设与家庭教育必须跟上。

接下来，丁总讲解了他的一些心得体会。他说，他越来越感觉家庭教育的重要性，因为家庭教育才是孩子健康成长的基石，父母是孩子的第一任老师，家庭是孩子的第一课堂，孩子的问题在很大程度上是家长的问题。

父母对于孩子来说是茫茫大海上的灯塔，为他们照亮海面，指引方向，传递温暖和信心。而灯塔是需要有人值守的，无人值守的灯塔只是摆设，有名无实，起不到引领航程的作用，若孩子偏离正确方向，触礁、搁浅是迟早的事。

## ✿ 家风好习惯，全民总动员

丁总讲到这里是中场休息。按照 PPT 的内容，接下来他原打算介绍一下其他训练营课程，21 天好习惯播种营开办以来一些孩子和家长案例，以及获得的荣誉与肯定等内容。

在短暂的 10 分钟休息时间，家长们围住丁总，就他刚才讲到的问题进行了探讨，并将主题引向更广阔的空间，比如说他们谈到家庭教育应借助政府的力量，问到营地项目是否可以在北京以外的地方开办等，还有一位家长提出，是否可以开发一款专门用来指导和辅助孩子养成好习惯的机器人。

休息时间早过了，大家的讨论越来越热烈。丁总一边说着一边走下讲台。一位家长拉出椅子让丁总坐下，下半场丁总就再没离开过座位，家长们也或坐或站在丁总身边，继续讨论中场休息时开启的问题。

有几位家长在政府部门工作，他们认为家风建设是政府提倡和支持的，妇联、教育局、关工委、街道和社区都有家风建设和家庭教育的某些职能；这个项目重实操，从孩子问题入手，带动家长共同参与，有很好的抓手和可操作性。

## ✿ 好习惯养成机器人

关于开发好习惯养成机器人的问题，丁总说得比较多。他说这个想法他们两年前就有了，最初是周士渊老师提出来的。因为他在讲课时每次都会提到习惯闹钟，而通过设置闹钟养成习惯与习惯机器人的设计想法是相通的。

丁总说，孩子和家长的问题，学习上和生活上的问题，家风和家教的问题，最终都可以归结在习惯上。习惯是一个人文化素养的固化与外在表现，是格局与境界的一面镜子。习惯如同一个雕塑家，我们所有人的人生皆出自习惯之手。好习惯是一笔笔的巨额存款，其利息取之不尽，用之不竭；坏习惯则是污染源，危害身心健康，从里到外，从生到死。完全可以说，教育的意义与目标始于习惯，终于习惯。习惯培养是教育的本质，是家庭教育的重中之重。

但他同时说，懂得习惯重要性的人很多，但懂得如何培养好习惯的人则很少。这是一个既奇怪又正常的事实。原因只有一个：习惯培养需要知行合一，落地实操，日复一日地践行。而这对我们绝大多数人来说是有相当难度的，它需要正确的方法、坚强的毅力、持久的耐力。研发一款智能习惯机器人势在必行。

但丁总说，目前还只是有初步想法，但除了技术因素之外，这款机器人的市场定位与功能还需要精心设计，大家有什么好的意见和建议可以提一提，也可以一起合作开发。

这个话题引来家长热烈的讨论，大家一致认为这个设想很好。一位家长说，这款机器人的定位就是习惯养成的抓手和助手，重点人群是6～18岁的孩子，但又不能仅限于孩子，因为习惯养成是个大概念，应该能够满足不同年龄层次人群的学习、生活和工作习惯养成需求，目标人群还应涵盖家长、职场人士和管理者。因此，这款机器人应该囊括学习、生活和工作的所有好习惯及养成方法。

丁总说，这个建议很好，其他家长也纷纷表示认同。另一个家长说，既然目标人群扩大了，功能也应兼收并蓄，至少应该有学习资料，如专家、教授有关家风、家教、习惯养成方面的论述、书籍和视频课程推荐。

其他家长也做了一些补充，比如说应该有习惯养成的个人记录、习惯养成自定义设置、成长日记与心得体会、互动社区等板块；应该设置奖励、竞争、分享机制；还应该有在线对话与咨询功能等。

丁总对提出建议的家长们表示感谢。他说，有了家长们的肯定和支持，他们一定要将习惯机器人项目做好，尽快推出，尽快造福社会。

## ❀ 家长们戴上了眼罩

下午的活动结束后，一些家长意犹未尽，从晚餐开始，一直到夜间运动场的散步时间，他们都在继续着下午的讨论。

与此同时，孩子的节目排练一直持续到深夜。汇报演出在即，孩子们在做最后的打磨，最后的努力。

当天夜间，下了一场雷阵雨。天亮时雨住风停，艳阳高照。太阳的光线明亮刺眼，天空明净高远。暑气尽消，空气中流动着植物和泥土的清新气息。

第 21 天如期而至，这是训练营的最后一天，也是一个对孩子们和家长们来说值得纪念和庆贺的日子。在经历矫正与治愈、反省与思考、成长与蜕变之后，孩子们与家长们在这个承前启后，继往开来的日子里重逢。大家怀着对未来萌发美好期许的激动，参加这一场非同寻常的结营活动。所有想说的和不想说的话，都汇聚在一台节目里。

为了这场汇报演出，孩子们尽了他们最大的努力，投入了全部的情感。他们相信能够让父母眼前一亮，能让父母听到他们的心声。

这场汇报演出从早上 8 点开始，中午 12 点结束，整整持续了 4 个小时。很多环节都需要家长参与，孩子们与家长们分分合合，孩子们在表演和分享体验着成长的喜悦，在家长们的目光和笑容里体会到了关爱，大家感知着彼此的存在，在情景交融中传递和接收彼此的信息，大家笑中带泪，哭中有笑，任真情肆意流淌。

那天早晨，孩子们和家长们都早早地醒来，洗漱和收拾行李。老师和助教们一个宿舍挨一个宿舍地督促孩子们检查和清点自己的物品，不要落下任何东西。家长们早已准备就绪，早起后三三两两在营地散步。吃过早餐后，不到八点他们就来到大教室就座，等待孩子们的到来。

8 点 10 分，文洁老师、郝教官、班主任和各位助教走进教室，给每位家长发放了一只眼罩。这时，丁总带着周士渊老师、李世杰老师和其他几位嘉宾进入教室，在前排就座。

突然间教室外传来一阵躁动，孩子们来了。他们分成两队，站在门外。此时，教室内音乐声响起，这是《武林风》的开场曲。孩子们在家长和老师们热烈的掌声中，一路蹦蹦跳跳地跑向舞台，开始了武术表演。

由于舞台空间有限，孩子分两拨上场，一拨表演完，另一拨紧接着上场。孩子们个个虎虎生威，虽然动作不那么专业和娴熟，但一招一式都表演得严肃认真，有板有眼，很有气势。孩子们决定将《武林风》作为演出的开场节目，要的就是气势。这气势不仅反映的是青春朝气，更是当下昂扬的精神状态。

## ❀ 结营仪式的独特设计

《武林风》表演结束后，全体孩子合在一处，集体朗诵《少年中国说》。如同《武林风》一样，《少年中国说》都是群体表演才显气势的节目。二者相得益彰，完美衔接。

两个二合一的群体节目赢得了家长的阵阵掌声。孩子表演完后，纷纷下台跑向自己的父母身边。

贾小虎额头上贴着创可贴，妈妈大惊失色抚摸他的额头急切地问："你这里怎么了？"贾小虎一脸灿烂地笑着说："没事，前几天抢着上台发言时不小心撞墙上了。"

戴昕掏出几张皱皱巴巴的纸币，骄傲地递给爸爸妈妈，说："这个给你们，这是我卖书挣的钱。"

文洁老师吩咐孩子们回到后面的座位上。结营仪式正式开始。

艾弥儿、江晓婷、张雅丽、贾小虎、段云龙和戴昕六个主持人走上舞台。

艾弥儿说："爱尔兰诗人叶芝说，'教育不是注满一桶水，而是点燃一把火'。"

江晓婷说："耶鲁大学校长理查德·莱文说，'真正的教育不传授任何知识和技能，却能令人胜任任何学科和职业，这才是真正的教育'。"

张雅丽说："德国教育家斯普朗格说，'教育的最终目的不是传授已有的东西，而是要把人的创造力量诱导出来，将生命感、价值感唤醒'。"

贾小虎说："我国著名教育家叶圣陶说，'简单一句话，教育就是要养成良好习惯'。"

段云龙说："在这里，我们亲身体会到了这样的教育。在这短短21天的时间里，我们每个人都经历了一次洗礼，一次新生。"

戴昕说："在过去的21天里，我们恨过父母把我们送到这里，也与营地的老师们为敌。我们冷漠过，鄙弃过，我们捣乱过，懈怠过，拒绝改变，抗拒被教育。"

艾弥儿说："21天里，我们远离了父母，远离了手机和零食，远离了无节制的吃喝玩乐和没有规律的生活。起初我们觉得很苦，后来我们觉得很甜。"

江晓婷说："21天里，我们感受到了真切的关爱与鼓励，泪水冲刷尘埃，拥抱融化坚冰，我们携手踏上回归之路，一路有爱相随。"

张雅丽说："在这里，我们经历了很多个第一次。第一次走上讲台，当众表演才艺、分享学习成果；第一次得到了那么多人的喝彩；第一次得到了爱的拥抱与鼓励；第一次尝试做生意和卖东西；第一次知道父母是那么爱我们；第一次因感动而流泪。"

贾小虎说："在这里，我们发现了自身的潜能，找到了自信，也找到了方向。当我们从这里出发，重返父母身边时，我们不再是过去的那个令人讨厌的自己。"

段云龙说："往事不堪回首。在这里，我体会到，要想让别人发现你、关爱你，你自己首先要阳光起来。如果你一直在阴影里，就不要怪别人看不到你的亮点。"

戴昕说："我们都是幸运儿！我们遇上了好老师。他们是高明的医生，是运筹帷幄的将军，是我们的指路明灯。"

6位主持人齐声说："现在有请我们的指路明灯——我们

亲爱的老师们登场。"

在家长们的热烈掌声中，文洁老师领着所有营地老师走上舞台。

## ✤ 让爱重新流动，让流浪的身心回家

老师们走上舞台后，先是一起向家长们鞠躬，而后由文洁老师代表丁总和营地老师向家长们致辞。

文洁老师说："各位家长朋友，大家早上好！刚才大家看到了孩子们的风采，听到了孩子们的心声，是不是很高兴啊？"

家长对文洁老师报以热烈的掌声。

文洁老师继续说："家长们的掌声说明了一切。山重水复疑无路，柳暗花明又一村。在过去的 20 天里，我们见证了孩子们的成长与变化，也见证了家长们的感动与喜悦。

"此时此刻，我知道所有的孩子和家长都有很多话要说。这正是我们训练营想要促成的效果，那就是拆除阻隔我们的围墙，打开关闭已久的心灵之门，让爱重新流动，让流浪的身心回家。

"过去的 20 天里，孩子远离了家长，在我们的陪伴下，经历了一次修炼，他们学会了很多，懂得了很多。家长们在 20 天的牵肠挂肚之后，也迎来了一次蜕变的契机。今天注定是个难忘的日子，让我们一起告别过去，迎接新生！"

文洁老师的话音刚落，大屏幕开始播放孩子们在营地全程活动的纪录片。从孩子们入营开始，直到排练节目，一幕幕场景、一幅幅画面，伴随着热烈而激昂的背景音乐一一展

现在家长们眼前。

所有家长都正襟危坐，挺直身子，瞪大眼睛，全神贯注地盯着屏幕，他们在搜索着自己孩子的身影。纪录片没有让家长们失望，因为孩子们参与了纪录片的全过程，所有视频都是他们自己挑选的。48个孩子，20天，从早晨起床到晚上熄灯睡觉，所有的活动、所有的细节，每个孩子都在纪录片里反复出现，所有的素材都经过严格筛选，一切都是真实再现。

当家长们看到孩子们在入营时的烦躁与不适应时，屏住了气息，锁紧了眉头；当他们看到孩子们参差不齐地进入状态，有模有样地参与训练时，表情略有舒展，如释重负；再到后面他们看到孩子全身心投入，所有行动整齐划一，身姿和表情都有明显改变时，家长们脸上情不自禁地露出笑容。

纪录片播放完毕，全场掌声雷动。转眼间，孩子们登场表演了两个歌舞节目——《让爱住我家》和《有你真幸福》。

歌舞节目连成一体，一个刚结束，另一个接上，充满了欢快的气氛，传达了孩子们的心意。

歌舞表演后是成果展示，主要内容包括100位数字、36计、25个好习惯的正背、倒背与抽背。文洁老师宣布展示内容后说，所有正背、倒背和抽背环节全部由家长指定各自的孩子来完成。

这是一个高潮迭起的环节。孩子们的表现令家长们惊奇不已、兴奋不已，因为孩子们所展示的成果大大出乎他们的意料。

接下来是"走秀表演"。一段时装走秀背景音乐响起，老师们指导家长将桌椅挪向两侧，中间留下通道，供孩子们表演。

这是一场名副其实的"奇装异服"展示，每个孩子都身着自己设计的"时装"出场。有的孩子身上挂满了气球，有的身上缀满了野花，有的用野花野草编织帽子，有的用卫生纸卷成筒裙，有的把自己打扮成老年人模样，有的把自己搞成动物的造型，有的在衣服上画上各种图案，有的戴上了自制的面具。

孩子们随着音乐声分为几组走向教室中间的通道，一出场就引得家长们哈哈大笑。

文洁老师、郝帅教官走向家长区域，招呼全体家长加入走秀行列。家长们纷纷起身走到中间，拉住自己孩子的手，喜气洋洋地与孩子们一起走秀。

## ❀ 情景剧《都有病》

走秀表演完毕，孩子和家长们回到各自的座位上，六位主持人再次走上讲台。

江晓婷说："过去的 20 天，我们虽然不在爸爸妈妈身边，但我们仍然能够感受到你们的爱。我们也一样在想念你们，虽然我们不一定会说出来。"

张雅丽说："这不是心灵感应，而是真实存在的，与生俱来的情感。"

段云龙说："父母给我们的爱有时不是太少，而是太多，多得让我们无法承受。压得我们喘不过气。"

贾小虎说："这种爱有时是单向的、一厢情愿的、不管不顾的。父母有时忘了，我们也有自己的生活空间，有自己的喜好和兴趣。"

戴昕说："父母的爱是无私的、伟大的，但有时也有可能会包办、放纵、娇宠，从而导向不好的结果。"

艾弥儿说："请欣赏情景剧——《都有病》。"

掌声后我、韩梦娜和秦阳上场，我们3人分别扮演情景剧中爸爸、妈妈和儿子的角色。这个情景剧是我们根据网上的一个剧本改编的，剧情如下：

舞台中一张桌子、一把椅子，桌上一个大书包。

画外音响起："7月23日晚上，高考分数揭晓。儿子高考分数全市第一，爸爸妈妈兴奋得忘乎所以。"

妈妈边接电话边兴奋地说："是吗？真的啊？太好了，太好了，太好了！"挂了手机，妈妈手舞足蹈地跟爸爸说："祖宗保佑，菩萨显灵了！今天高考成绩正式公布，我刚接到了老师的报喜电话，我儿子得了市里的高考状元！"

爸爸先是紧紧握住妈妈的手，然后双手高举，仰天大笑，说："哈哈哈，哈哈哈，天大的喜讯啊！10年磨一剑！功夫不负有心人啊！"

妈妈说："儿子能考上状元，那都是我的功劳啊。从幼儿园开始，到小学、到中学，为了让他做好功课，我给他定下了'四不准'。一不准看电视；二不准外出玩耍；三不准和同学通电话；四不准走亲访友。不是我抓得早，管得紧，怎么会有今天！"

爸爸说："你的功劳？我的功劳呢？自从儿子还在你的肚子里的时候，我就没闲着，天天晚上给他念数学题。等他一出生，才过了3天，嘿，效果就出来了。我问他一加一等于几，他还不能说话，就在被窝里举起手指呢。不多不少，（模仿婴儿举手指）两根！"

妈妈说："咱俩共同的功劳还不行吗！有了这么一个好

儿子，我们的下半辈子就可以高枕无忧了。"

爸爸说："是啊！等儿子大学一毕业，就去当科长，当了科长当处长，当了处长当局长，当了局长当市长……那时候，谁见了我都得点头哈腰！我也不工作了，买一架私人飞机，环游世界，爽！"

妈妈说："当官有什么好！还是有钱好，先让儿子当经理，当了经理当董事，当了董事当总裁……儿子有了钱，我们就把这破屋子换了，买一幢大大的别墅，每个房间都放上席梦思床。晚上我爱睡哪个房间就睡哪个房间，再也不听你那猪吼般的呼噜声了。"

儿子手里捧着书，表情木木地边看边唱地上台。

儿子："A 是风来 B 是沙，C 是哈密 D 是瓜……"

妈妈连忙迎上去，说："儿子，儿子，高考分数下来了！你是今年的状元！"

爸爸也围过去，说："乖儿子，好样的！我们没有白养你！"

儿子似乎没听见爸妈说的话，旁若无人地念念叨叨："世人都说高考好，只有 AB 忘不了；世人都说状元好，只有 CD 忘不了！"

妈妈惊慌地问："儿子，你怎么了？"

儿子继续念叨着："ABCD 是个宝，字母伴我乐逍遥！"

爸爸说："儿子，你说什么呢？你是我们市的高考状元了！不用再做功课了！你成功了！"

儿子仍然旁若无人地唱着："A 是风来 B 是沙，C 是哈密 D 是瓜……"

妈妈惊慌地摸了摸儿子的脑门，问道："儿子，你怎么了？

237

怎么变傻了？"

爸爸瞪了妈妈一眼说："你才傻呢！我们的儿子是状元，怎么能傻呀！"

妈妈说："明明不对劲，那你说怎么办呢？"

爸爸说："他现在还沉迷在功课里，别急，我们将计就计，就用答题方式和他交流！"

妈妈说："那快试试吧。"

爸爸说："儿子，你中了高考状元，为了奖励你，今晚上由你来点菜，请听题。"

儿子精神猛地一振，腰板挺直，认真地看着爸爸。

爸爸："听好了，这是一道选择题，以下四种菜，哪一种是你今晚最想吃的：A. 红烧肉；B. 白切鸡；C. 清蒸鱼；D. 椒盐虾。"

儿子精神兴奋地答道："A. 红烧肉。"

妈妈揉了揉心口，说道："我的儿呀，你终于说人话了。"

爸爸做了胜利的手势："耶！答案正确，得3分！"

妈妈催促爸爸说："快，继续。"

爸爸说："你知道吗？你是高考状元，现在可是我们市里的名人了，爸妈都得找你签名呢！"

妈妈说："是啊是啊，听说，明天记者还会来采访呢，儿子，到时候你会说什么你先给爸妈演练演练，要是记者问你，你会说什么？"

儿子木木地默默不语。

爸爸说："嘿，题目，题目，儿子要的是题目。还是选择题，儿子呀，你得了状元，现在的心情怎么样？A. 非常高兴；B. 高兴；C. 一般；D. 不高兴。"

儿子不假思索地脱口而出："C.一般。"

爸爸说："什么一般呀？你应该是非常高兴才对啊，怎么会是一般呢？考状元这可是你也是咱家一直奋斗的目标啊。"

儿子再次自顾自地唱起来，说："A是风来B是沙，C是哈密D是瓜……"

妈妈问爸爸："儿子不会是……遇上啥不高兴的事了吧？"

爸爸回答道："能有什么不高兴的？"

妈妈说："我们还是问问他去哪了吧，别不是受什么刺激了。"

爸爸问道："儿子，这些天放假了，你都去哪了？A.和同学打篮球；B.和邻居阿伟去溜冰；C.在家看电视；D.做练习题。"

儿子兴冲冲地说："D.做练习题！"

爸爸说："不对！现在高考都结束了，你还窝在家里，有空就出去玩玩嘛，整天窝在家里怎么行呢？"

妈妈抱怨地说："都怪你！你什么时候让儿子出去打篮球了？儿子的篮球都给你大卸八块，扔到河里了。"

爸爸迅速反击道："光知道说我！儿子和邻居家阿伟学溜冰，你就说阿伟不是好孩子，骂的人家见了咱们都躲得远远的。"

妈妈反驳地说道："你还有脸说我。你自己呢？儿子看一眼电视，你就推他进房间去，自己却天天追连续剧，手上还要抓根鸡毛掸子，把儿子当犯人看管了！"

儿子再次唱起来："A是风来B是沙，C是哈密D是瓜……"

妈妈急得哭了起来："儿子是不是精神出问题了？这可

怎么办呀？"

爸爸担心地说道："儿子，我们不再把你管那么紧了，以后想怎么玩就怎么玩吧。"

妈妈说："是的，儿子，我和你爸以后给你自由了。"

儿子木木地默默不语。

妈妈问道："儿子，吃过饭后，你想去哪里玩？四选一：A. 逛公园；B. 去江边；C. 看电影；D. 唱卡拉 OK。"

儿子认真思考后，说："此题有误，严重脱离生活实际！没有答案可选。"然后再次唱起来："A 是风来 B 是沙，C 是哈密 D 是瓜……"

妈妈紧张地问道："我们带他去看心理医生吧？"

爸爸安慰着说："先别急，还是出个题目测试一下吧。"

妈妈耐心而亲切地问："儿子，你是不是觉得自己病了？A. 没病；B. 儿子病了；C. 爸爸病了；D. 妈妈病了。"

儿子眼露迷茫："C……"

妈妈喊道："我早就说过，你的教育方式有问题！"

儿子缓慢地继续念叨："D……"

爸爸说："看看，你也正常不到哪儿去。"

妈妈疑惑地问："我们都错了？只要儿子健康就行！"

儿子继续念叨："还有 B……"

爸爸妈妈同时说："怎么会这样？！"

儿子自言自语道："爸爸病了，妈妈病了，儿子也病了，此题是一个多选题呀！"然后摇摇晃晃地唱着退场，边退边唱道："A 是风来 B 是沙，C 是哈密 D 是瓜……"

爸爸妈妈呆立，闭幕。

演出结束，掌声响起，但并不十分热烈，这是我们意料之中的结果。这个情景剧貌似荒诞，实则严肃沉重。在演出过程中，家长们还笑得比较开心，但到最后显然被结尾的剧情感染了。

## ❀ 孩子们说出了心里话

情景剧《都有病》带来的忧思很快被欢乐的气氛所覆盖。接下来是轻松动感的歌舞节目《浪花一朵朵》和充满活力的《最牛课间操》表演。

这两个节目与《让爱住我家》和《有你真幸福》类似，都是集体参与，同属歌舞类节目，不同之处在于主题，如《让爱住我家》和《有你真幸福》一样，孩子们的表演精气神十足，视听效果非常好。

《浪花一朵朵》和《最牛课间操》之后是"孩子们的心里话"环节。文洁老师登台说道：

"过去 20 天里，我们与孩子们一起经历了很多难忘的瞬间。此时此刻，孩子们都有很多话想说。接下来，我们玩一个小游戏：我们会让每个孩子说一句话，家长们戴上眼罩，当您听到是自己的孩子在说话时，就举手示意一下，然后由老师将家长领到自己的孩子身边。"

郝教官说："现在请家长们戴上眼罩。"

家长们很快将眼罩戴好。

郝教官把话筒递给第一排的第一个孩子："好，现在开始。"

第一个孩子是艾弥儿，她接过话筒，弱弱地说了一句："爸爸妈妈，我爱你们。"

家长队伍里无人举手。

艾弥儿又说了一句："爸爸妈妈，我爱你们！"

这次艾弥儿的声音大了一些，但父母仍然没有举手。

郝教官走到艾弥儿身边，拿过话筒："艾弥儿的爸爸妈妈在哪里？"

艾弥儿妈妈如梦方醒，激动地连忙举手并站起来："是艾弥儿吗？真的是她？"

艾弥儿爸爸连忙起身说："在这里！在这里！"

郝帅教官将话筒重新还给艾弥儿："来，艾弥儿，再说一次，大声一点儿！"

艾弥儿大声喊出："爸爸妈妈，我爱你们！"

艾弥儿父母回答道："听到了，听到了。"

在一片掌声中，徐芳芳老师领着艾弥儿父母走到前台，与艾弥儿紧紧拥抱在一起。

郝帅教官说："好，下一位。"

贾小虎说："妈妈，我在这里。谢谢您把我送到这里。"

贾小虎妈妈举手，起身，被领向前台，与贾小虎拥抱。

宋佳妮说："我在这里第一次知道什么叫感动，什么叫感恩。感谢所有老师，你们是我的恩人。"

宋佳妮爸爸妈妈举手，起身，被领向前台，与宋佳妮拥抱。

高畅说："这里治愈了我的创伤，还给了我足够的营养和能量。爸爸妈妈，我一定不让你们失望。"

高畅爸爸妈妈举手，起身，被领向前台，与高畅拥抱。

段云龙说："妈妈，我要回学校继续上学，好好学习。"

段云龙妈妈立即举手并起立，说："是云龙！好儿子，妈妈听见了，听见了……"眼泪从眼罩下渗出，流到脸上，随后在众人的掌声中，被助教老师领上前台，与段云龙拥抱。

接下来轮到我了。

我说："爸爸妈妈，我在这里变化很大，回去后慢慢跟你们说。我现在只想说，过去的 20 天是我一生中最快乐、最有意义的日子！

我爸妈举手，起身，被领向前台，我们一家三口第一次拥抱在了一起。

戴昕说："爸爸妈妈，谢谢你们的一片苦心。我学会独立生活了，胆子也大了。"

渐渐地，所有的家长都被领向了前台，与自己的孩子站在一起。

家长没有到场的几个孩子羡慕地看着其他孩子与家长拥抱，脸上满是落寞。

## ❀ 体味默契配合的亲情传递

接下来，结营典礼进入"感恩互动"环节，包括"风雨人生路""感恩午餐"两部分。"孩子们的心里话"环节结束后，音箱里播放着《感恩的心》乐曲，一直持续到"感恩互动"环节结束。

"风雨人生路"为亲子游戏，规则是家长与孩子互蒙眼睛进行角色互换，互相牵扶走过一段有障碍物的路程，以体味默契配合的亲情传递。

这一段有障碍物的路程有 300 多米，从教室出发，经过旁边宿舍楼一侧的楼梯上二楼，经过一段楼道，从另一侧下楼梯，然后返回教室。这段路程是营地老师在结营仪式进行中间临时布置的，用两条尼龙绳隔离出路线，沿途摆设了桌子和椅子等障碍物。

按照郝教官宣布的规则，出发时孩子们戴上眼罩，由家长牵着孩子们的手从起点走向终点，其间，家长带领子女前进，通过话语指导让孩子们绕过各种障碍；返回时交换角色：家长戴上眼罩，由孩子们指导家长绕过障碍物，从终点回到起点。

随着郝教官一声令下，家长们在孩子们的带领下出发。由于有些孩子的家长没来营地，所以这些孩子的家长由老师们担任。家长们引导着孩子一路前行。很多家长都握着孩子们的手，或扶着孩子们的胳膊，不停地叮咛着、提示着，孩子们乖乖地听从父母的指导，小心翼翼地与父母同行。

我爸在前，我妈在后，我爸负责用话语指路，我妈则一只手始终扶着我的胳膊，看到我快要碰上障碍物时，立马轻轻推我一下，让我避开。我完全顺从他们的指导，感觉是在丛林间穿行。

中间有一段，可能是没有了障碍物，我妈突然松开了一直扶着我的手，我立马停下脚步，站在原地不敢挪动脚步。我爸说："前面这段没有障碍物，自己走。"我试着走了几步，心里一点儿底都没有，伸出手摸索着，寻找我妈的手。我妈说了句"别那么胆小"，然后将我的手握住，我心里这才踏实了。

段云龙爸妈也和我爸妈一样，有一段路，他爸妈故意不管他了，告诉他前面没有障碍物，让他自己走试试。段云龙只走了几步就碰上障碍物了，然后就蹲在地上不起来，任他爸妈怎么鼓励也不走了，直到他爸扶他起来，牵上他的手他才敢继续往前走。

返回的路上，孩子们摘下眼罩，一反出发时的诚惶诚恐，变得异常活跃起来，现在轮到他们指导家长了。包括我在内，孩子们都很兴奋。这是我平生第一次看到爸妈需要我的帮助，虽然只是一次游戏，但却是一次难忘的全新体验。

为了顺利地以最快速度返回起点，我想出了一个好办法，那就是我在前面领路，让我妈在我后面揪住我的 T 恤，我爸在我妈后面牵着她的手。这个办法果然很灵，我们一家最先到达起点。

由于早早抵达起点，我们便到教室外面观摩。太热闹了！孩子们在给父母指导时都很急切，一个个大呼小叫："慢点！前方有障碍物！""靠左！靠左！""往右，往右，往右！"

当所有家长和孩子全部到达终点时，教室一片沸腾，大家七嘴八舌地笑闹着。文洁老师的话让大家安静了下来。她说，"风雨人生路"的游戏象征父母与子女相伴一生、相互扶持的过程，所表达的含义大家慢慢体会。

## ❀ 亲子感应让所有人泪崩

下一个环节是"亲子感应"。文洁老师让所有家长与孩子背靠背站好，孩子与家长手拉着手。大家很配合地按照文洁老师的指令背靠背手拉手站好。家长没到场的孩子，仍由几位老师扮演家长角色。

文洁老师说："现在，保持安静，家长和孩子都闭上眼睛，用心听，用心体会我说的每一句话，在心里面默默地跟着我重复说一遍。之后，我们一起迎来奇妙的时刻。"

全场安静。所有家长和孩子都闭上了眼睛，在默默等待着。

文洁老师说："好的。现在开始。"

文洁老师走进家长和孩子中间，用一种温和舒缓而又庄严肃穆的语调开始叙说："我们是骨肉相连、心息相通的一家人。现在，我们的手握在了一起。透过皮肤和血管，我们的血液和心灵正在建立联结，如同无线电波的发送一样，我们接收到了彼此的信息，这些信息来自我们灵魂的最深处。

"我们曾经亲密无间，共同度过了许多快乐幸福的时光，保留了许多相互关爱的温馨回忆。但是后来，我们之间传递的信号逐渐减弱，信息被阻断、被干扰，误解越来越多。我们开始互相埋怨、争吵、敌对、冷漠，我们因此而变得焦虑、孤独、痛苦、无助。

"家庭是一个完整的生命体，有根须、树干、树枝，要经历完整的生命周期——播种，发芽，生长，开枝，散叶，开花，结果，传承，延续。我们要永远在一起，形神合一，共享阳光，共担风雨，共同成长；我们还要永远在一起，相互支撑，传递温暖，传递养分。只有这样，生命之树才能常青。

"让我们重新回到彼此的怀抱，重新回归阳光灿烂的日子。让我们重新建立信号连接，发送充满信任、理解、包容的信息，从彼此的信息中汲取能量，感受到关心与爱护。那是我们永不枯竭的动力水源，也是我们一生中最大的财富。让我们各自为彼此加油，重新扬帆起航。这是新的一天，这是新的征程，太阳正从东方升起，阳光已洒满我们前方的海面。

"这是我代表所有老师送给大家的临别赠言。

"大家是不是感觉到了彼此的心跳？是不是听到了彼此的心声？好，见证奇迹的时刻到了。现在大家都转过身来，互相拥抱。"

所有家长和孩子都转过身激动地拥抱在一起，哭在一起。

家长没来的孩子拥抱着老师，或互相拥抱，哭声一片。

## ✿ "有太多像我一样的孩子需要您"

"亲子感应"结束后是颁发结营证书和颁奖，所有的孩子都有奖品，包括书籍，文具和刻有 21 天好习惯播种营字样的金属纪念章。

在这个环节，家长一直不停地拍照。颁奖结束后，郝教官组织全体家长和孩子们合影，然后又分别给每个家庭单独拍照。

由于教室空间有限，光线也不是太好，大家走出教室，来到运动场，将集体照和每个家庭照都重新拍了一遍。最后，孩子们要求与文洁老师和郝教官合影。经商议，集体照由孩子们摆一个"心"字造型，老师们在中间。

集体照后，每个孩子都与文洁老师单独合影，有孩子问文洁老师，合影时能不能与她脸贴脸，文洁老师笑着说可以。接下来，所有孩子与文洁老师的照片都是贴脸照。

拍照完成后，大家开始吃午餐，午餐后 21 天好习惯播种营就全部结束，家长们就要领着孩子离开营地。

午餐的时候出了点状况，有几个孩子跟家长说不想离开营地，想报营地的其他班，再在营地多待一段时间。这些孩子事先没有跟家长和老师说，临要离开了才突然提出来，搞得家长们措手不及。那几位家长紧急跟文洁老师商量，文洁老师与营地其他训练营的老师商量后说可以，那几个孩子特别高兴，家长只好同意。

除了那几个孩子，其他孩子午餐后都回到宿舍去取行李。当我拿起行李的那一刻，眼泪突然涌进我的眼眶。我拿着行李下楼，走到在大巴前为我们送别的文洁老师跟前，向她深深鞠了一个躬，然后对文洁老师说："小文老师，您一定要保重身体，有太多像我一样的孩子需要您。"

文洁老师笑着拍了拍我的肩膀，答道："嗯嗯，好的。谢谢你。"

家长们和孩子们分乘两辆大巴离开营地。孩子们上车前一一与文洁老师、郝教官等老师们握手、拥抱，依依不舍。

大巴开动后，孩子们全都趴在车窗上朝后看，向老师们挥手，车上的孩子们哭成一片。

大巴渐行渐远，文洁老师、郝教官和其他老师仍站在营地门口，直至大巴消失在山间晨雾之中⋯⋯

# 参考文献

[1]　张绪军. 复兴集 [M]. 北京：中国财富出版社，2015.

[2]　从此刻起：我要 [EB/OL].(2015-03-10)[2022-05-04].https://m.thepaper.cn/baijiahao_17935145.